Transforma tu realidad

Hábitos y práctica que te guiarán hacia la construcción de una mejor condición de vida en abundancia y prosperidad

J. Silva

Tabla de contenido

A mis hijos María y José, mis dos motores, a mi esposa Yenny por aún estar allí.
A papá, mamá, hermanos y a todos los que jamás han perdido su fe y confianza.

Introducción

Y finalmente lo hice. He dado el paso para hacer realidad uno de los proyectos que ha rondado mi mente durante años.

Lo inicié como mi mapa personal, para no perderme en el viaje que emprendí hace mucho tiempo. Aunque encontrarás, en cada capítulo, una secuencia lógica, ordenada y progresiva que te guiará hacia la transformación de tu realidad. Quiero decirte que el proceso de construcción de éste libro llevó años, pausas, abandonos, e incluyó diversas emociones. Me tocó hacer una pausa cada tanto, para restablecer la conexión con mi ser interior, y extraer aprendizajes en los diferentes fracasos que afronté.

Algunas emociones están plasmadas entre oraciones, párrafos y capítulos, es probable que puedas percibirlas. Pero hablo también de esas que se generan en medio de las satisfacciones, porque cada logro ha sido un motor en mi vida.

Así que éste libro es mi referente de lo que debo y tengo que hacer cada día de mi vida para transformar la realidad en la que vivo, para no olvidar que nada externo debe ser ni es capaz de afectar mi determinación para vivir en la realidad que solo mi mente, mi espíritu y mi alma, en completa armonía, son capaces de crear para mí. De igual forma, es mi objetivo que el camino recorrido, mi expectativa por el sendero que resta y la forma en que he plasmado cada parada, paisaje y avance, sea útil para ti.

En este libro encontrarás un derrotero que te podrá quizás brindar herramientas seguras y probadas, no sólo en mí, también en muchas personas de éxito.

Antes de encontrarte con la primera parte, que he llamado "Prepárate para la transformación", me gustaría que conocieras un poco sobre mí.

Soy alguien que viene trabajando tras bambalinas, detrás del escenario de algunos líderes, conferencistas, ejecutivos y empresas; en cada una de esas oportunidades de aprendizaje validé mi conocimiento y comprobé las técnicas y recomendaciones que encontrarás en este libro.

Nací en una ciudad llamada Barquisimeto, enclavada en el centro occidente de Venezuela, en el año 1976. Soy hijo de educadores: Don Antonio Silva Magallanes y Doña Emilia Salas de Silva. Mi padre, Profesor de castellano y literatura de la Universidad Pedagógica Experimental Libertador. Mi madre, Maestra y supervisora de la zona educativa del estado Lara. Para mí, ellos son mis mayores referentes de amor, educación, trabajo, lucha y sobretodo superación.

Soy el segundo de 3 hermanos, lo que se conoce como el hijo del medio, y sí, crecí con esa popular creencia de ser el hijo del medio, expresión que se convirtió en motivo de risas y buenos ratos. Siendo mi papá casado por segunda vez, no puedo dejar de mencionar a mi hermano mayor, quien ya se ha marchado pero que sé que desde donde esté también estará alegre de saber que también ha sido fuente de inspiración para mí.

Crecí en un buen ambiente familiar, tuve una infancia bonita, Mis padres siempre se esforzaron y lograron dar lo mejor para nosotros. Estudié en colegios de buena reputación, para después graduarme de Ingeniero Electrónico en Computación, en la Universidad Yacambú. Allí, entre la fabulosa vida universitaria, di mis primeros pasos en el mundo del emprendimiento, y descubrí una de mis habilidades más naturales: la venta.

Comencé a vender de una manera muy interesante, y quiero compartirla. A la edad de 14 años le comenté a mi padre que me gustaba mucho cuando viajamos, me sentía bien en los buenos hoteles, comiendo en restaurantes y él, con una mirada de buen padre, me explicó "eso es muy bueno, entonces debes aprender a ganar dinero, porque todo eso se paga es con dinero".

Recuerdo que sus palabras me marcaron, porque hasta entonces yo tenía una noción del dinero, pero no desde esa perspectiva, de ganarlo o producirlo. Por supuesto, veía a mis padres salir todos los días a trabajar, incluso recuerdo a un vecino, odontólogo, que todos los días como reloj suizo, salía a trabajar siempre a las 5am., lo destaco porque recuerdo que solo paraba una semana al año y someramente unos días en navidad, eso sí, recuerdo que sus hijos, nos contaban sus vacaciones de esa única semana y eran espectaculares, hoy día estos mis amigos y hermanos, hijos de este odontólogo, son grandes odontólogos también, prósperos y sobre todo con una calidad humana y una capacidad de trabajo digna de lo aprendido de su padre.

De manera que, aquello de ganar dinero quedó sonando en mi mente adolescente, así que un día le dije a mi padre que estaba listo y quería aprender a producir, quería saber cómo se hacía eso. Entonces, me dio mi primera gran lección, se subió a su carro, y al rato llegó con una cesta grande llena de distintos tipos de panes, pan dulce, pan relleno de guayaba, y un pan muy tradicional de nuestro pueblo llamado "acema", que es un pan endulzado con papelón y canela muy rico y gran acompañante del café mañanero. Me colocó esa enorme cesta llena de ricos bocadillos frente a mí, al mismo tiempo me entregó un talonario de recibos en blanco y me dijo: "ahora ve y toca la puerta de los vecinos y ofréceles este pan, esto es lo que costaron y éste el precio en que los debes vender, ve y cuando comiences a vender, entonces conocerás la mejor manera de producir dinero: vendiendo".

Querido lector, seguro entiendes lo que para un adolescente significa ir a tocar la puerta de sus vecinos, a quienes conoce y quienes le conocen desde pequeño, que son los padres de sus compañeros de juego de todas las tardes, y que lo vean cargando con una enorme cesta mientras dice: "cómo está vecino, aquí estoy vendiendo acemas, pan dulce, pan de tunja y de guayaba, bueno para el cafecito, ¿será que me compra algunos?"

Recuerdo mi sentimiento ese día, y se me hace un nudo en la garganta, hoy de nostalgia, pero en aquel entonces el nudo era de miedo, de un miedo gigante. Yo solo quería saber cómo se ganaba el dinero, y mi padre me enseñaba una de las mejores lecciones que yo recibiría en toda mi vida hasta hoy.

Créanme, él pudo pagar un curso o darme una charla; pero no, me enseñó con la acción, enfrentando el miedo. Hoy día esa experiencia es mi base para muchas de las cosas que hago y he logrado. Aprendí que lo único que no le podemos permitir al miedo, es paralizarnos. Es positivo sentir miedo, solo debes aprender a manejarlo, a escucharlo, e identificar cuándo realmente está en riesgo tu vida, y si no lo está hay que salir y luchar con miedo, alcanzar las metas y realizar tus sueños.

Resulta que mi padre, quien era profesor universitario, también practicó el oficio de la venta desde muy joven y siempre nos dijo que el estilo de vida que tenía y nos daba, era producto de su habilidad de vender, pues le permitía complementar sus ingresos como educador, político y gremialista.

A mi pasión por las ventas se le sumó más tarde una nueva: el liderazgo. Mi primera experiencia de liderazgo, ocurrió más tarde. De mis hermanos, siempre fui el más curioso, preguntaba hasta más no poder. Esa curiosidad hizo que mi Papá se animara a llevarme a algunas de sus actividades, entre ellas las de proselitismo político. En aquel entonces mi papá llegó a ser diputado y recuerdo con cariño los afiches y poster de su campaña, me volvieron un blanco muy fácil en el colegio entre mis compañeros, pero nada que no terminara en risas y hasta lecciones de aguante y autocontrol.

El camino político llevó a mi padre a ser presidente de un club de leones de mi localidad, estos clubes tienen un apéndice y una escuela para futuros miembros, llamado el Club Leo, y conformado en primer lugar por los hijos de los leones en una edad entre los 14 y 18 años. Fui nombrado presidente del Club Leo Yacambú, con 16 años y una asamblea de 20 miembros. Así que una vez más me tocó aprender con la acción, me tocó dar un discurso para todos los miembros del club de mayores, en una ceremonia protocolar, con otros clubes invitados.

Una vez más un reto enorme, y, una vez más, debía dominar el miedo. Nunca, en mi corta vida, me había parado frente a un público. Ese día hubo más 100 personas, y yo en una tarima, con podio, (recuerdo que me tuve que subir en algo para que me vieran) dando un discurso. Fue un momento inolvidable, mi papá, que estaba en la mesa de directivos, me abrazó y me felicito, la gente aplaudió y más tarde mi discurso fue publicado en los periódicos internos de cada club. Una gran experiencia, que más tarde me permitirá participar en concursos de oratoria.

Llevar al club a los primeros de la ciudad, fue todo un reto, así como representarlo a nivel internacional, ser reelecto, en fin, aprender que ser líder no es tu logro sino de todo un equipo, me permitió ocupar puestos de trabajo con excelencia, y posteriormente llevar mi empresa a muy buenas posiciones, superando grandes obstáculos.

Es así como a lo largo de mi vida, la venta y el liderazgo me han marcado, me han llevado a vivir gratas experiencias, aleccionadores errores, que presentaré en otro libro.

Ahora bien, estas primeras experiencias que he relatado, se convirtieron en la base para mi carácter emprendedor. De hecho, si bien he sido empleado mi recorrido no está marcado por eso, aunque sí fue una etapa de mucho aprendizaje.

El título de este libro es: Transforma Tu Realidad, lo presento a modo de guía, con herramientas y consejos prácticos, no pretende ser una panacea ni una receta mágica, es más bien una recopilación de contenido práctico y sé que será útil para ti.

Encontrarás información para trabajar primeramente tu mentalidad y tu ser, para luego mostrarte actividades que puedes emprender y que te permitan generar ingresos. Así como mi padre me enseñó con la acción a vender panes, así mismo he querido darte información para que tú también puedas salir a vender desde lo digital, que es la manera de hoy y del futuro.

Espero disfrutes de este trabajo que, como ya he dicho, es producto de experiencias, estudio, y sobre todo de la colaboración de muchas personas, algunas hasta sin saberlo.

Espero sigamos conectados a través de la lectura.

Soy J. Silva, y hoy te entrego uno de mis sueños.

Guía breve sobre el contenido del libro

En el primer capítulo se abordan temas de autoconocimiento: tópicos como el propósito de la vida (¿cómo descubrir tu pasión?), la importancia de desarrollar una mentalidad adecuada y de qué manera conocer tus habilidades en aras de la prosperidad y la abundancia. Este primer segmento, como apertura, define algunos de los conceptos básicos que se profundizarán durante todo el trayecto de esta lectura. Además, se te ofrecen 3 hábitos esenciales para reconectar con tu propósito.

En el segundo capítulo, te enseñaré acerca de las creencias limitantes en el marco del funcionamiento de tu cerebro. Entendiendo, a su vez, que la mente humana es la computadora más compleja hasta ahora conocida, imagina la potencialidad de entender cómo reprogramarla para que sus pequeñas programaciones mentales estén orientadas hacia tu propósito. Adicionalmente, conocerás el portentoso valor de las afirmaciones positivas como herramientas para el cambio en nuestra estructura de pensamientos.

El tercer capítulo, así mismo, hace referencia al poder de la acción focalizada. Conceptos tan relevantes como el establecimiento de objetivos primarios y el desarrollo de hábitos neurálgicos como la planificación y el enfoque son abordados aquí con pragmatismo, ofreciendo a su vez estrategias para no decaer ni perder el foco en relación a las metras que se hayan establecido. Toda la información contenida en este segmento busca proporcionar al lector las herramientas y claves vitales para construir un objetivo con todas las características del método Smart, dinámica ampliamente estudiada por expertos del mundo gracias a su efectividad.

En el cuarto capítulo, titulado Hábitos negativos y hábitos positivos, se hace especial énfasis en esos comportamientos arraigados en nuestra mente subconsciente. Comportamientos que, en muchos casos, más que potenciar nuestro crecimiento funciona como obstáculos imaginarios en el camino a la cima. La relevancia de este segmento pasa por ayudarte a adoptar hábitos que sumen valor y que, así mismo, funcionen como un catalizador lo suficientemente óptimo en tu proceso de crecimiento personal. En contraparte, se te ofrecerán 7 ejemplos comunes de hábitos negativos y las posibles consecuencias de no suprimirlos a tiempo. Estos hábitos, claros saboteadores de tu prosperidad, pueden ser reemplazados por mejores prácticas. Esta es la finalidad de un capítulo concebido para ayudarte a entender los mecanismos invisibles de tu mente y cómo esta puede operar a tu favor sin importar las circunstancias.

En el quinto capítulo se retoman conceptos de vital importancia como la fuerza de voluntad y la motivación, elementos necesarios en el camino a la prosperidad y la abundancia. A su vez, te ofreceré estrategias inmejorables para que pongas en práctica tu voluntad incluso en los escenarios más complejos. En el sexto capítulo, Historias inspiradoras de personalidades exitosas, te remito 7 ejemplos representativos de personas que consiguieron el éxito a través de diversas prácticas y comportamientos idóneos, en la línea de toda la información provista en este proyecto. Personas que hoy día constituyen ejemplos a seguir, referentes inequívocos de la determinación como eje para la obtención de los mejores resultados posibles.

La segunda parte de este libro, que lleva por nombre Acciones prácticas para generar ingresos, tiene un enfoque mucho más práctico. En ella, se te ofrecen algunas recomendaciones, tácticas y estrategias para generar ingresos en un mundo fluctuante y dominado por la competitividad. Aspectos como la innovación, la resiliencia y la visión son abordados en sus distintos subcapítulos partiendo de ideas de negocios claras e inobjetables.

Derivados del ahorro e inversión (fondos mutuos, fondos de inversión, certificados financieros, bolsa de valores), también el negocio de Bienes y raíces (compra y venta de inmuebles, Airbnb), las técnicas para generar ingresos automáticos, la monetización de tu talento a través de distintas plataformas digitales, son solo algunos de los ejemplos que encontrarás en esta fructífera segunda parte, puesta sobre el tapete para brindarte ideas y visiones claras sobre cómo alcanzar la prosperidad y la abundancia desde tu talento y con la capitalización de todos los recursos que el mundo pone a tu disposición

Parte I: Prepárate para la transformación

Capítulo 1
¿Dónde estás y dónde quieres estar?

¿Alguna vez te has hecho estas preguntas? ¿Dónde estoy? ¿Dónde quisiera estar? Aunque no lo parezca, estas preguntas representan un punto y aparte en la vida de quien las ejecute. Pero, ¿por qué es tan importante plantearse asuntos como estos? La respuesta es sencilla e increíble: no existe un solo ser humano sobre la faz de la tierra que consiga llegar a un destino anhelado si no determina bien qué sitio es ese. Seguramente habrás escuchado alguna vez esa frase que asegura que para quien conoce el puerto al que se dirige todos los vientos son favorables. Esa frase, atribuida a Séneca, historiador y filósofo griego, representa un inconmensurable caudal de realidad. Piénsalo, ¿qué puede hacer contra las circunstancias de la vida quien no tiene idea de cuál es el norte que desea alcanzar?

Volviendo a Séneca por un instante. Si te posicionas durante un segundo en el lugar del marinero al que este filósofo griego hace referencia. ¿Tiene sentido adentrarse en las inasibles profundidades del mar si no se tiene la certeza de qué se busca? La verdad es que no. Independientemente de lo que cada uno de nosotros añoramos, hace falta definirlo con claridad y concisión. De lo contrario, las posibilidades de alcanzar una victoria se reducen significativamente. Teniendo en cuenta que el propósito de este libro es ofrecerte todas las herramientas para que crezcas en tu vida hasta alcanzar la plenitud y la abundancia, el capítulo que leerás a continuación empezará a sentar las bases de tu aprendizaje.

¿Dónde estás y dónde quieres estar?, como primer capítulo, te servirá para retomar el control de tu vida en términos de autoconocimiento y mentalidad. Conocer y definir tus propósitos, tus pasiones; tus habilidades, tu potencial. Estos son elementos presentes en cada ser humano. Con independencia de nuestra condición socio-económica, de salud, romántica, todos disponemos de una serie de habilidades y destrezas que, sumadas a nuestras subjetividades individuales, componen la esencia de lo que somos. En este sentido, el capítulo que estás por leer sirve como una invitación ideal. A través de los tres subcapítulos contenidos aquí podrás prepararte para el resto del trayecto.

Cuando nos enfrentamos a una actividad totalmente desconocida, necesitamos cierta preparación, ¿no? Imagina que este libro, más que una guía práctica para transformar tu vida, es una jornada entre amigos que se reúnen para patinar sobre hielo. ¿Listo? Es evidente que, si se trata de tu primera vez, necesitarás algunas pautas básicas para que la actividad sea del todo agradable. Siguiendo la idea; necesitarás botas especiales, casco, protectores para codos, rodillas y articulaciones. Incluso te hará falta pantalones y una chaqueta especial. Por último, requerirás la orientación de alguien que tenga la experiencia para garantizar tu seguridad y disfrute. Todas estas precauciones y conceptos básicos te serán entregados en este primer capítulo: el enfoque y la información fundamental para disfrutar el resto del viaje.

Aplicando la extrapolación correspondiente: en lugar de protectores e indumentaria cónsona con el patinaje sobre hielo, aquí encontrarás elementos imprescindibles para comprender la esencia de esta guía práctica. Descubrir aquello que te apasiona (y entregarte fervientemente a eso), identificar con precisión tu propósito de vida, dar de una vez por todas con esas habilidades ocultas que has mantenido ocultas hasta ahora. Todos estos factores, relacionados con la mentalidad, constituyen las columnas de lo que será tu crecimiento como individuo. No hay forma de que alguien se desarrolle íntegramente si no es a través de relatarse a sí mismos desde el descubrimiento y la transformación constantes. Te concedo que leer este capítulo no será tan vertiginoso como patinar en una pista de hielo, rodeado de amigos, pero el aprendizaje se sostendrá en el tiempo y los resultados, puedo asegurar, serán asombrosos.

Conecta con tu propósito de vida y descubre tu pasión

El humorista norteamericano Bill Hicks dijo una vez que la vida es un paseo. Comparto íntegramente este enunciado, adoptando la vida como un concepto tan amplio como subjetivo. Al margen de los muchos vericuetos que podemos atravesar a lo largo de la existencia, puedo resumirlo de la siguiente manera: la vida es un interminable proceso de aprendizaje. En otras palabras, cada uno de los pasos que damos desde el mismo día de nuestro nacimiento corresponde a un camino de autoconocimiento. ¿Cuál es la principal diferencia entre aquellos que tienen éxito y aquellos que no han podido llegar a la cima? El autoconocimiento.

Es lógico si lo piensas: ninguna búsqueda tiene sentido si no hemos conseguido discernir la meta que perseguimos. Desafortunadamente, esta es la situación de la mayoría de personas en la actualidad. Pueden existir muchas razones para explicar esta desconexión con nosotros mismos, pero estas carecen de relevancia. Independientemente de las circunstancias que tengamos que afrontar en cada uno de nuestros días, es menester que sepamos quiénes somos, qué somos capaces de hacer y hacia dónde dirigimos nuestros esfuerzos. Esta es la gran herramienta a disposición de quienes hoy dominan sus respectivas áreas de interés. Empresarios, atletas, oradores, científicos, entre otros. Todos y cada uno lograron descubrir sus propósitos de vida y, en consecuencia, sus pasiones.

Te sorprendería saber la cantidad de tiempo y recursos que gastamos andando y desandando por viejos caminos que no tienen nada que ver con lo que realmente somos. Tiempo, dinero, energía, vida. Todos estos elementos son arrojados al traste cuando no estamos seguros de lo que queremos. De allí la importancia del autoconocimiento como una de las columnas vertebrales del éxito. Es imprescindible que entiendas esto: no recibiste el maravilloso regalo de la existencia para ser un individuo promedio. Deshazte de esa idea. Eres especial y puedes alcanzar una vida de abundancia y plenitud. Solo debes hacerte consciente de tu propósito, de tus pasiones. En la medida en que vuelvas a conectarte con estas luces, todo adquirirá sentido en cada paso que des.

Para reestablecer esta conexión entre tú y tu propósito, recomiendo tres prácticas a mi parecer esenciales que te ayudarán sobremanera:

Sé agradecido.

Estudios clínicos demostraron una sólida relación entre la gratitud y la felicidad. Tómate unos pocos minutos de tu tiempo, al iniciar el día o poco antes de acostarte a dormir, y da las gracias por todos los pequeños y grandes milagros que han tenido lugar en tu vida. Siempre hay mucho por lo que sentirnos agradecidos. El simple hecho de respirar es razón suficiente para dar las gracias. Personalmente, doy gracias por la vitalidad, la inteligencia, la capacidad de aprender nuevas cosas e incluso por el techo sobre mi cabeza. Hasta el peor de los escenarios trae consigo un motivo para estar agradecidos.

Hazte preguntas trascendentales.

Muchas veces nuestro propósito de vida se encuentra atrapado en un cúmulo de reproches y cuestionamientos. Esfuérzate por preparar el camino; de otra manera, será imposible hallarlo. Hazte preguntas trascendentales, preguntas que te ayuden a entender el porqué de determinadas emociones y sentimientos hacia ti mismo y, en consecuencia, hacia tu vida. Además, esta resulta una táctica que funciona, en cierto sentido, porque somos nosotros mismos quienes tenemos las respuestas adecuadas. Pregúntate, por ejemplo, ¿qué podrías hacer por horas sin aburrirte por un solo momento? O, ¿qué debe tener un día para que sea especial? ¿Qué habilidades debes desarrollar para sentirte orgulloso de ti mismo? ¿Sobre qué te gusta leer? Todas estas interrogaciones, en apariencia sencillas, te acercarán al objetivo de este segmento: reconectarte con tu pasión y con el propósito de tu vida.

Evalúa tu presente.

Determina si hoy eres la persona que quieres soñar. Es probable que aún no te sientas ni cerca de ser ese individuo; en todo caso, no desesperes. Conviene, en estos casos, practicar la aceptación. Acepta esa verdad universal que dicta que nuestra realidad no es más que el reflejo de nuestros actos diarios. Partiendo de esta premisa, el diagnóstico es imprescindible. Entender esto no solo te sitúa en una posición neutra (lejos de reproches y culpabilidades infructuosas) sino que te ayuda a llegar a la siguiente conclusión: de ahora en adelante, deberás estructurar tu vida conforme a ese sueño que persigues.

Incluye hábitos productivos, pensamientos afirmativos, acciones coherentes con tu propósito. Una vez que te hayas aclarado en relación a tu situación actual, tendrás un panorama mucho más diáfano de aquellas actitudes y conductas que tendrás que cambiar. A partir de este momento, has dado el primer paso para retomar el control de tu vida.

Encontrar tu propósito de vida y tus pasiones no es una tarea difícil, sobre todo si pones en práctica los hábitos y comportamientos adecuados. Algunos de estos son: gratitud, empatía, iniciativa, orientación por los resultados, enfoque, entre otros. Como habrás notado, cambiar tu vida es un proceso largo que requiere de mucha pasión. En otras palabras, lucha contra la desidia y vive apasionadamente para que así consigas tu pasión verdadera.

Conoce tus habilidades y tu potencial

¿Quién no ha conocido a una persona con un potencial tan increíble como increíblemente desperdiciado? Si bien es cierto que, en muchos casos, este desaprovechamiento no es directamente culpa del individuo, pero esto no puede ser excusa para arrojar al cesto de la basura un conjunto de habilidades especiales que le diferencian del resto. En este sentido, una de las razones más frecuentes que llevan a alguien a "desentenderse" de sus habilidades especiales tiene que ver con la violenta dinámica del mundo. Para nadie es un secreto que en la actualidad predomina una dinámica de competitividad y lucha, en ámbitos profesionales, académicos e incluso sociales.

Como es de esperarse, el debido desarrollo de las habilidades es un requerimiento medular para alcanzar el éxito. Sí, es cierto que muchas personas consiguen llegar a la cima en menesteres diametralmente opuestos a lo que les apasiona, no obstante estos son casos excepcionales que sugieren más una gran capacidad de disciplina y adaptabilidad que al genuino disfrute de la vida. La plenitud es, por definición, realizar ciertas actividades con pasión y alegría. Por desgracia, esta no es la realidad de aquellos individuos que, según lo referido anteriormente, llegan a la abundancia a través de algo que no es, por decirlo de algún modo, lo que acelera su corazón.

Está claro que no juzgo a aquellos que han llegado al éxito practicando algo que no les apasiona. Después de todo, creo pertinente aplaudir otras de las competencias que promulgaron este ascenso: adaptabilidad, inteligencia emocional, capacidad analítica, fuerza de voluntad. Todas estas características son inherentes a cualquier individuo exitoso. De manera que no tendría sentido emitir juicios de valor. Pero, me permito preguntarte algo, ¿te visualizas como una persona exitosa y abundante en cualquier cosa, a toda costa? O, dicho de otra forma, si te apasiona la escritura… ¿te imaginas siendo exitoso en el mundo de la programación de páginas web? Probablemente no.

Esto se debe, en esencia, a que nos sentimos más motivados por aquello que acelera nuestro corazón. Esta es la razón por la que existen tantas conferencias o conversatorios sobre crecimiento personal: la gente intuye que el cambio les hará más felices. Lo intuyen y lo sienten. Ahora bien, ¿has descubierto tus habilidades especiales? No olvides que lo especial es especial porque significa algo para ti; aquí nada tienen que decir los factores externos. Se trata de ti y de nadie más. Bien, si aún no has identificado esas habilidades que te diferencian del resto es porque no has buscado en los lugares indicados.

Muchas veces nos encerramos de tal manera en nosotros mismos que olvidamos escudriñar una parte importante: tus seres queridos. Una de las recomendaciones que siempre hago para que las personas encuentren sus talentos ocultos es pregúntale a tus amados amigos. Sí, sé que suena como una verdadera locura pero créeme, no lo es. Un gran amigo, casi siempre, tiene una perspectiva mucho más práctica de ti. Te mira desde afuera de ti, esa es la sencilla razón. Puede emitir opiniones sin el sesgo de tus propias inseguridades, y esto hace de sus opiniones armas muy valiosas. Inténtalo.

La próxima vez que te encuentres con tu mejor amigo plantéale lo siguiente: "¿en qué área o profesión crees que me iría mejor?" o puedes hacerlo más jocosamente: "¿cuál crees que es mis súper poder, mi verdadera vocación? Te aseguro que las respuestas que recibirás terminarán aclarando mucho tu situación.

También puedes buscar entre tus referentes. Si te encuentras buscando donde asentar tus talentos ocultos, simplemente busca a tu alrededor. ¿A quién admiras? ¿Quiénes son tus referentes? Usualmente admiramos a alguien por sus competencias blandas y, en ciertos casos, por sus capacidades técnicas. Puedes admirar a alguien por su compasión o por su liderazgo; también por lo bien que ha desarrollado determinada habilidad como la pintura, las matemáticas o el uso de ciertos instrumentos musicales. Sea cual fuere tu caso, y tu referente, identificarlos puede arrojar verdaderas luces en tu búsqueda.

Trabaja en tu mentalidad

Como si se tratase de un músculo, la mentalidad del ser humano puede ejercitarse y fortalecerse en aras de alcanzar la plenitud. La mente humana es el arma más poderosa conocida hasta ahora; capaz tanto de crear armas de destrucción masiva como monumentales obras arquitectónicas, esta pequeña parte del cuerpo humano posee la complejidad y la capacidad para crearse a sí misma, tal como lo manifiestan todos los avances de la ciencia en procesos de clonación. De manera que, cuando hablamos de herramientas imprescindibles para cualquier fin, la mentalidad debe estar sobre la mesa como la principal.

Puedes no tener los recursos, el conocimiento, conexiones o habilidades específicas, pero si tienes la mentalidad adecuada tus posibilidades de éxito son tan vastas como el mismísimo universo. En otras palabras, independientemente del sitio en que te encuentres hoy, de cuál sea tu presente, si tienes la mentalidad adecuada (una mentalidad millonaria, de abundancia), sigues estando en competencia. ¿Quién iba a imaginar que ese tal Marc Zuckerberg, en un par de años, dejaría de ser un estudiante estándar para convertirse en el hombre más joven entre los primeros diez más ricos de la prestigiosa revista Forbes? La verdad es que solo unos pocos pudieron imaginarse un escenario parecido para el joven Marc. Pero, de entre esos pocos, puedo asegurarte que estaba el propio Marc Zuckerberg.

Esta visión es el resultado de tener una mentalidad millonaria, siempre presta. La mentalidad de crecimiento es la base. Si consigues desarrollarla, entonces tendrás la certeza de que tus habilidades y conocimientos pueden ser desarrollados a plenitud para alcanzar tus propósitos vitales. Sabes, en este sentido, que solo necesitarás esfuerzo y dedicación. Estas creencias determinan valores neurálgicos como la motivación y la fuerza de voluntad. Si, por el contrario, te cuesta encontrar motivación en tus acciones, tendrás que seguir algunas de mis recomendaciones para desarrollar una mentalidad de éxito, de crecimiento.

La importancia de la mentalidad de crecimiento estriba en que nos ayuda a enfrentarnos con entereza y método a las circunstancias adversas que nos propone la vida. Si estamos presos en una mentalidad "invariable", preferiremos esquivar los obstáculos en lugar de superarlos o vencerlos. Esta es la diferencia entre un tipo de mentalidad y otra. En la que mentalidad que aquí quiero que desarrolles está la razón del éxito por una razón incluso sencilla: confías en ti. ¿Quién no ha querido eliminar de una vez y para siempre todas esas inseguridades que socavan sus posibilidades de llegar a la cima? Todos hemos sufrido alguna vez por este conjunto de creencias limitantes. De manera que, si quieres desarrollar una mentalidad adecuada, tendrás que trabajar en ella.

Dar el salto definitivo de una mentalidad fija a una de crecimiento puede parecer un desafío que nos trasciende, pero en realidad solo se tratar de dar pequeños pasos hacia un enfoque totalmente nuevo que te transformará tu forma de ver el mundo. En la actual literatura de crecimiento personal existen muchas técnicas y estrategias para facilitar esta transición, a continuación te daré mis 3 recomendaciones de oro para que trabajes tu mentalidad desde una perspectiva ganadora.

Sé auténtico

No te faltes el respeto pretendiendo ser alguien que no eres. En este sentido, la autenticidad juega un papel determinante para alcanzar una mentalidad lo suficientemente sólida como para que la abundancia llegue a tu vida. Te recomiendo que dejes a un lado todas las máscaras que te has acostumbrado a utilizar para "encajar" con el resto. De este modo no solo eliminarás todo tipo de falsedad de tu vida sino que las personas en tu entorno notarán que eres alguien en quien vale la pena confiar. Eventualmente, ser auténtico te abrirá muchas puertas al mismo tiempo que intensificarás tus motivaciones para luchar por tu verdadero propósito.

Acepta con humildad que no eres perfecto.

Nadie es perfecto. Aseverar lo contrario sería una insensatez de magnitudes bíblicas. Sin embargo, aunque no seamos perfectos, somos capaces de conseguir todo cuanto anhelamos para nuestras vidas. En la medida en que desarrollemos nuestras habilidades en el contexto de una mentalidad de crecimiento y abundancia, mejoraremos nuestras opciones de llegar a la cima. Despréndete de esa falsa idea de que eres perfecto, pero hazlo con humildad y la idea de vencer. Nuestras imperfecciones, querido amigo, nos hacen únicos.

Aprende de los demás.

Aprender de los demás es una herramienta que funciona en muchos sentidos posibles. En primer lugar, cuando sabemos identificar los errores que otros cometen, estamos menos expuestos a repetir conductas equivocadas. Esto sugiere un compromiso implícito de nosotros con nuestro crecimiento. En términos más prácticos, aprender siempre es positivo para el ser humano. De manera que, cuando nos acostumbramos a hacerlo, adquirimos conocimientos nuevos sin afrontar las consecuencias inherentes a un error propio.

Estos son solo 3 pasos, pero medulares en todo proceso de desarrollo de una mentalidad de crecimiento. Recuerda que para llegar a la cima del éxito, a la abundancia total, necesitas reconfigurar tu forma de ver el mundo siempre teniéndote a ti mismo como eje principal. Tus habilidades, destrezas, propósitos, aunados a conductas adecuadas, harán de ti un individuo capaz de superar cualquier obstáculo por difícil que parezca. En la medida en que desarrolles una mentalidad cónsona con tus metas, estas no serán un desafío sino un verdadero goce. ¿Entiendes la diferencia?

Jeff Sutherland, Scrum: el arte de hacer el doble de trabajo en la mitad del tiempo:

> La gente no es feliz por ser exitosa, sino exitosa porque es feliz. La felicidad es una medida predictiva. Y el desempeño aumenta aun si la gente es sólo un poco más feliz. No es necesario cambiar radicalmente la vida de alguien para hacerla feliz, al menos por un tiempo. Aun un poco de felicidad produce resultados mucho mejores. La gente no necesita ser delirantemente feliz, como el día de su boda; basta con que lo sea un poco más. Claro que hacerla más feliz tiene un gran efecto.

Capítulo 2
Identifica las creencias que te limitan

Siguiendo el orden de ideas de los segmentos anteriores, en este capítulo aprenderás algunos conceptos básicos sobre tu mente y cómo tienes la fuerza para obstruir nuestro ascenso a la cima. Como se ha dicho anteriormente, la mente del ser humano es una computadora aceitada que funciona de acuerdo a pequeñas programaciones. Todas estas programaciones, que pueden tener su razón de ser mucho tiempo atrás, en la infancia, o que pueden estar asociadas a eventos trágicos, no son más que condicionamientos que nos impiden avanzar al ritmo que queremos. De allí la importancia de reconocer ciertos patrones de pensamientos negativos.

El capítulo que estás por leer te abrirá las puertas a esos pequeños rincones ocultos de tu mente. Estas esquinas, intangibles, componen a su vez el mapa de lo que somos como individuos. Por ello, no es poca cosa asegurar que quien conoce el funcionamiento de su mente tiene el poder para transformar su vida desde adentro, desde la misma raíz. Conceptos como las creencias limitantes, las afirmaciones potenciadoras y la importancia de los hábitos son algunos de los temas tratados a continuación. Esto implica un proceso de autoconocimiento mucho más intensivo que el teorizado anteriormente. Sobra decir que, en la medida en que conocemos nuestros procesos mentales, ganamos terreno en una lucha que se manifiesta como ardua pero que, en la mayoría de los casos, no es más que un conglomerado de pequeños auto sabotajes en que caemos sin siquiera ser conscientes de ello.

Toda la información contenida en este capítulo apunta a orientarte en una dirección fundamental: hacerte consciente de tus programaciones mentales. Entiéndase por esto que todos disponemos, en el interior de nuestro cerebro, de pequeños o grandes patrones de pensamientos que pueden potenciar o ralentizar nuestro camino a la prosperidad. Independientemente del origen de estos pensamientos, existen formas comprobadas para darle un giro radical a tu mente. Esto es lo que se busca a lo largo de este libro y, con mayor énfasis, en este capítulo. Imagina cuánta capacidad se encuentra atrapada en estos barrotes invisibles que, para bien o para mal, han sido construidos por nosotros mismos.

Lo que diferencia a una persona abundante de una que no termina de dar en el clavo radica, esencialmente, en su mente. Bien sea (como se refirió anteriormente) por una mentalidad estancada o por las programaciones diminutas que nos impiden avanzar cuanto queremos. Te invito, entonces, a que continúes la lectura. Estoy seguro de que todo cuanto leas en las próximas páginas te será de gran ayuda en términos de autoconocimiento y desarrollo personal. A fin de cuentas, todos queremos ser exitosos, ¿no? Entonces no existen excusas válidas para conocer cómo funcionan esos pequeños e invisibles engranajes de nuestra mente.

Este capítulo trata de la noción de uno mismo. Enfrentarnos con las dificultades es un proceso difícil cuando no sabemos de lo que somos capaces; es allí donde adquieren especial importancia nuestros pensamientos, nuestra forma de ver el mundo. Si utilizamos el prisma del pesimismo, difícilmente superemos obstáculo alguno. Si en caso contrario, neutralizamos esas voces internas que nos dicen "no puedes", sustituyéndolas por voces más alegres y optimistas, créeme, te atreverás a más y, en consecuencia, lograrás mucho más. Si tuvieras hoy la certeza de que puedes caminar sobre el agua, volar por los cielos o descubrir la teoría que demuestre (científicamente) la existencia de Dios, ¿qué te detendría? De eso se trata este capítulo, de proveerte del enfoque adecuado para buscar la abundancia y la felicidad para tu vida.

¿Qué son las creencias limitantes?

¿Qué te impide tomar una decisión por considerarla imprudente o demasiado arriesgada? Esto sucede cuando nos encontramos condicionados por determinadas razones. Estas, en la mayoría de los casos, se deben a eventos del pasado, específicamente de los primeros años de vida. Otra de las razones por las que no tomamos acciones proactivas en cierto sentido es porque una vez lo intentamos y no resultó del modo que imaginamos. En otras palabras: nos mueve el miedo a repetir todas las sensaciones asociadas a esa experiencia pasada. Emociones como miedo, impotencia, inseguridad, entre otras.

En términos más sencillos, las creencias limitantes son ese mecanismo que utiliza nuestro cerebro para protegernos de situaciones difíciles o peligrosas. Sin embargo, muchas de estas situaciones no se corresponden a un hecho objetivo de la actualidad, sino a eventualidades acontecidas mucho tiempo atrás. El cerebro humano, como toda computadora, establece pequeñas programaciones para "agilizar respuestas" frente a diversos escenarios. Esta es su forma de mecanizar procesos que garanticen una toma de decisión rápida y automática. Estos algoritmos se encuentran en cada ser humano; se acrecientan conforme crecemos y afrontamos distintas experiencias que luego son agregadas a la gran pila de condicionamientos.

Por ejemplo, cuando vivimos una situación emocionalmente compleja, el cerebro prepara una serie de previsiones para evitar repetir escenarios parecidos. Como ya dije, se trata de un proceso inconsciente de protección. Esto se presenta, principalmente, en esa etapa de desarrollo primario. Es decir, entre los 3 y los 6 años de edad. La interpretación que nuestro cerebro creó nos ayudó a sobrevivir, de manera que tiene mucha relevancia la forma en que este actúa para salvaguardar nuestra integridad. Creo lógico entender que, en cierto sentido, las creencias limitantes fueron buenas para nosotros. Nos salvaron la vida, nos protegieron de situaciones incómodas. Ahora, ¿qué sucede cuando esta interpretación termina adueñándose de toda nuestra capacidad analítica? Esto es lo que se define como miedos irracionales.

Los miedos irracionales nos alejan del éxito en el sentido en que estamos tan enfocados en no sentir dolor, en no exponernos a emociones complejas, que nos abstenemos de tomar cualquier acción (por necesaria que esta sea) para crecer y alcanzar la prosperidad. Dicho de otro modo: las creencias limitantes deben ser suprimidas; de lo contrario, resultará prácticamente imposible mejorar nuestras condiciones de vida, nuestra plenitud, y en consecuencia no podremos alcanzar la tan anhelada abundancia. Mi trayectoria me ha llevado a determinar que, para superar estas creencias limitantes, hace falta:

1. Agradecer que resultaron positivas para nosotros en algún momento.

2. Trabajar para dejarlas ir.

Las creencias limitantes no solo tienen que ver con aspectos como el miedo a los aparatos eléctricos o a las alturas. También están relacionadas con la internalización de nuestras propias capacidades. Esas molestas voces que hoy te dicen "no puedes", en efecto, te impiden poder. En primer lugar porque le das tanta importancia (inconscientemente, desde luego) que terminas subyugándote a sus órdenes. ¿En qué puede terminar esto? En que desperdicies todas esas oportunidades que la vida tiene para ti. De allí la importancia de luchar con la idea de que estas voces dominen los distintos aspectos de tu vida. "¿Y si fracaso nuevamente?" Esta pregunta no es del todo errónea, pero ha sido estructurada desde un enfoque derrotista. Lo ideal sería planteártela, en otros términos. Por ejemplo "si tuviese un traspié, ¿de qué manera podré aprovechar este tropiezo?". Como trataremos más adelante, la forma del lenguaje tiene una relevancia superlativa en esto de reconfigurar nuestros pensamientos. No olvides que tu mente puede ser tu gran aliada, pero también el carcelero más despiadado de todos cuantos conozcas en vida.

¿Cómo afectan tu mentalidad y tus hábitos?

Las creencias limitantes tienen un peso trascendental en nuestras conductas diarias. Una buena parte de lo que somos, o de cómo reaccionamos ante los acontecimientos, viene previamente programada en nuestro cerebro, específicamente en esos pequeños pero potentes condicionamientos a través de los cuales hemos concebido nuestra percepción del mundo. El gran orador John C. Maxwell, en su libro Lo que marca la diferencia, hace alusión a este tema en los siguientes términos:

> El ambiente al cual fuiste expuesto cuando te criaste tiene definitivamente un impacto sobre tu actitud. ¿Se divorciaron tus padres? Eso podría haber causado que tengas una actitud de desconfianza hacia miembros del sexo opuesto. ¿Murió alguien que era cercano a ti? Eso podría haber producido en ti una actitud de distanciamiento emocional. ¿Te criaste en un vecindario pobre? Eso podría haber producido en ti una actitud tenaz hacia el logro de metas. En contraste, eso podría haber causado tu deseo de rendirte con más facilidad.

Muchas circunstancias afectan, directa o indirectamente, lo que somos o hacemos en la vida. Del mismo modo que es planteado por John C. Maxwell, las creencias limitantes representan un obstáculo a todas luces desafiante. Por ejemplo, si hace algunos años tuviste el trago amargo de ver cómo tu primera empresa se iba a pique por diversos factores, es probable que lo pienses dos veces antes de intentarlo de nuevo. Y esto te lo digo desde mi experiencia, pues lo he vivido. De hecho, han sido mis vivencias las que me han permitido entender que en la medida en que prestes más atención a esas voces pesimistas, menos probabilidad tendrás de tomar la acción de reintentar tu desafío empresarial. Tu cerebro hace las sumas necesarias para "salvaguardarte". Si aquella vez te sentiste abatido, totalmente derrotado al no ser capaz de salvar tu empresa, entonces la mente se verá acondicionada y buscará todas las formas posibles para evitarte sentimientos parecidos.

Como ya sabes, existe una relación directa entre mentalidad y acción. Alguien que esté atrapado en una mentalidad de escasez, difícilmente tome acciones puntuales para mejorar sus condiciones de vida en términos de abundancia, plenitud y felicidad. Es por ello que creo tan importante trabajar en estos pensamientos limitantes para así actuar con un enfoque ganador. Permíteme otro ejemplo para ilustrar lo dicho: cuando alguien ha vivido la dura experiencia de un divorcio, centra toda su atención en distanciarse emocionalmente de otras personas. ¿Por qué? Porque las voces pesimistas arraigadas en la mente subconsciente le dicen "si te enamoras de nuevo, volverás a sufrir" Y, desde luego, nadie quiere volver a sentirse mal por la misma razón, ¿o sí?

Esta persona tiene la oportunidad de mejorar su vida, de autoevaluarse. Así podría identificar sus fallas individuales, y analizar si estas tuvieron algo que ver con las causas que llevaron a la ruptura sentimental. Ahora bien, todas estas oportunidades de mejora son desaprovechadas cuando el condicionamiento es más fuerte que el deseo de mejorar. En otras palabras: es mayor el miedo a repetir el dolor del divorcio (condicionamiento) que el interés por desarrollar nuevas competencias para futuras relaciones amorosas más plenas y felices (mentalidad de crecimiento). Esta es la razón por la que trabajar la mentalidad y todas sus características, incluidas las creencias limitantes, es una herramienta tan poderosa en aras de la superación personal.

Sea cual fuere tu caso, o tu situación actual, es importante que entiendas que, pese a no ser perfecto, eres capaz de todo. Tu mentalidad no es más que una parte de ti, y puedes reprogramarla. Imagina que tu computadora tiene un pequeño virus que no deja que funcione adecuadamente. ¿Qué harías en ese caso? ¿Trabajarías a media máquina o buscarías la manera de limpiarla y disfrutar de un funcionamiento más óptimo?

Afirmaciones potenciadoras para la superación de creencias limitantes.

La buena noticia es que podemos cambiar nuestra estructura de pensamientos con un paso tan simple como trascendental: las afirmaciones. Estas no son más que pequeños mantras cuya eficacia estriba, esencialmente, en la repetición. Recuerda que las personas no somos más que seres de hábito. Se entiende por hábito una conducta aprendida a través de la repetición. La neurociencia ha estudiado ampliamente este fenómeno mental. Cada vez que ejecutamos una conducta, en nuestro cerebro se crean pequeñas conexiones neuronales. Estos programas son los que ayudan al cerebro a trabajar "automáticamente", y así ahorrar tiempo y energía en la toma de decisiones.

Ahora bien, conforme una acción es repetida, la conexión neuronal se establece, arraigándose más profundamente en nuestra mente subconsciente. Esta es la razón por la que a un fumador le cuesta tanto abandonar el tabaco, ya que la acción ha sido tantas veces repetida que el cerebro interpreta el comportamiento como una respuesta inmediata ante determinados escenarios. Por ejemplo, los fumadores suelen encender un cigarrillo después del almuerzo o poco antes de acostarse a dormir. La conexión neuronal arrojará síntomas asociados a la ausencia del cigarrillo cuando este comportamiento no se lleva a cabo inmediatamente.

Si bien es cierto que, en el caso de los vicios, existe un factor fisiológico ampliamente estudiado por la ciencia (lo que en las drogas es denominado síndrome de abstinencia), la raíz del hábito se generó en el cerebro, específicamente en la consolidación de la conexión neuronal. En este sentido, diversos estudios por parte de la neurociencia y la psicología social han determinado que las afirmaciones constantes representan una técnica infalible para darle un giro de tuerca a nuestra mentalidad. Las afirmaciones positivas son un soplo de aire fresco dentro de un patrón de pensamientos limitantes que no hacen sino socavar nuestras posibilidades de éxito.

¿Qué hace de las afirmaciones un aliado potenciador tan significativo? Básicamente, su efecto en nosotros. Cuando nos acostumbramos a pensar en nosotros mismos en términos optimistas, cambiamos el paradigma de nuestra mente subconsciente y consciente. Muchas personas han transformado su actitud ante la vida a través de estas pequeñas manifestaciones. Hay quienes optan por trasladar estos pensamientos a la escritura y quienes han visto mejores resultados al hablar en voz alta. En todo caso, la verbalización es el secreto. Cabe destacar que, al principio, entrar en el mundo de las afirmaciones positivas puede resultar incómodo. Después de todo, no estamos acostumbrados a tratarnos bien, a evaluar nuestras capacidades desde un enfoque optimista. Sin embargo, es bien sabido que estas representan una ruptura del viejo paradigma (creencias limitantes) que impera en nuestra mente. Algunas afirmaciones que puedes incluir en tu día a día son:

1. Soy un individuo perfectamente capaz de alcanzar la abundancia.
2. Atraigo el éxito con mucha naturalidad.
3. Me resulta fácil alcanzar los resultados que espero.
4. Se me da bien lidiar con el éxito.

5. Puedo alcanzar cada objetivo que me proponga.

También existen afirmaciones dirigidas a tu yo futuro:

1. Siempre haré lo necesario para ser feliz.

2. Seré exitoso.

3. Alcanzaré la prosperidad porque tengo las herramientas para hacerlo.

4. Cada día estoy más enfocado en mis metas.

5. Me estoy convirtiendo en alguien que merece llegar a la cima.

Establece una pequeña rutina que incluya cinco minutos de afirmaciones potenciadoras. Así, más temprano que tarde, sentirás que has dejado atrás esa vieja mentalidad de escasez para abrirle paso a una perspectiva victoriosa. No olvides que el camino al éxito empieza en tu interior. Conforme te sientas más cómodo en estas afirmaciones, más seguro estarás de tus capacidades como ser abundante para alcanzar la prosperidad y, así, mejorar tus condiciones de vida en niveles insospechados. Para concluir este capítulo, un breve fragmento del libro Crea la vida que deseas, de la escritora Ciara Molina.

> Aprende a jugar con tu mente. Como vimos, si hay una característica que destaque en ella es su plasticidad. Tu mente se adapta a lo que la entrenes. Y puestos a jugar, hagámoslo de una manera eficaz. ¿Cómo? Ayudándonos de afirmaciones positivas que favorezcan la modificación del pensamiento a través del uso del lenguaje. Debemos visualizar aquello que queremos para nuestra vida y fortalecerlo con pensamientos positivos que refuercen la idea de que es posible alcanzarlo: «Me quiero», «me valoro», «soy capaz»... son afirmaciones que nos indican el punto de partida sobre el que sustentar nuestra actitud. Una afirmación parte de una frase propia que nos ayuda a impulsar un deseo fuerte por alcanzar cierta situación en nuestra vida, y la repetición constante de esa afirmación permite que nuestra mente inconsciente la acepte, y, por ende, aumenten las posibilidades de poder cumplirla.

Capítulo 3
El poder de la acción focalizada

Ahora que tienes una idea mucho más clara de la importancia de trabajar constantemente en tu mentalidad, ¿qué te parece si hablamos un poco acerca de la acción? Tener una mentalidad solo te será de gran ayuda cuando la acompañas de conductas y comportamientos cónsonos. Después de todo, nuestra vida es el reflejo de aquello que hacemos. Si estamos todo el día en casa, sentados en nuestro sillón favorito, viendo series de televisión o un documental sobre la vida animal en Alaska, difícilmente demos pasos importantes para mejorar nuestras condiciones de vida o nuestra prosperidad. El propósito que me he planteado para este capítulo pasa por enseñarte técnicas y estrategias para que cada una de tus acciones esté henchida de efectividad y perspectiva de éxito.

Siguiendo este orden de ideas, muchas personas desconocen el término acción focalizada. Está claro que este nombre no quiere decir otra cosa que la posibilidad de tomar acciones puntuales y concretas para alcanzar objetivos puntuales y concretos. Los segmentos que dividen este capítulo fueron pensados para ayudarte a comprender la relevancia de tus conductas en términos de prosperidad y abundancia. Para ello, enfatizo en uno de los hábitos de productividad más estudiados y eficaces de todos cuantos he conocido: la planificación. Otro de los aspectos ampliados es la necesidad de mantenernos enfocados. En un mundo tan fluctuante y diverso, donde imperan las nuevas tecnologías y las gratificaciones instantáneas, creo menester explicar por qué es tan neurálgico mantener el objetivo tatuado en el entrecejo.

Los hábitos son esos escalones que, en sumatoria, nos llevarán a la cima. El enfoque y la planificación son, en este sentido, piezas fundamentales en el crecimiento personal de quienes aspiren conseguir un nivel superlativo de optimismo y prosperidad. Esta es la razón por la que decidí incluirlos en este capítulo, donde la acción focalizada será abordada con mucho profesionalismo y pragmatismo. La buena noticia es que te ofreceré estrategias sencillas para mantener el foco en tus objetivos. Adicionalmente, conocerás los objetivos Smart, en qué consisten y cuáles son sus ventajas. Todo esto, desarrollado desde un lenguaje diáfano y sencillo para que tu comprensión no se vea trastocada por tecnicismos de ningún tipo.

En última instancia, los objetivos. ¿Por qué es imprescindible establecer objetivos concisos? ¿Cuáles son las características de un objetivo construido para alcanzarse? Está claro, como te mencioné en el primer capítulo, que no podremos avanzar en ningún sentido si no tenemos la certeza de que perseguimos un propósito concreto. La abundancia, la prosperidad, la plenitud, el premio Nobel de medicina, el de economía, el tabloide Forbes, el reconocimiento de organismos internacionales. Sea cual fuere tu objetivo, este debe ser concebido con toda la claridad necesaria. ¿La razón? Continúa leyendo y la descubrirás.

Te invito, entonces, a que continúes la lectura. Los segmentos redactados en las siguientes páginas mantienen el propósito original: facilitarte todas las herramientas y recursos para que llegues adonde quieres llegar. La acción focalizada te ayudará a capitalizar los nuevos procesos mentales creados a partir de las recomendaciones extendidas en el capítulo anterior. Esta es la fórmula del éxito: mentalidad de éxito + conductas y hábitos consecuentes = abundancia y prosperidad. Nunca había sido tan fácil retomar el control de tu vida. ¿Quieres optimizar tus recursos? ¿Realmente deseas mejorar tus condiciones de vida? No necesitarás despilfarrar cientos de miles de dólares en las presentaciones del Mega Millions. Solo tienes que estar atento a la información que leerás a continuación e iniciar la marcha con determinación y motivación.

Gana tiempo y efectividad con planificación

Mucho se habla del dinero, de la energía, de la inteligencia. Todos estos son recursos imprescindibles para alcanzar un nivel óptimo de crecimiento y desarrollo personal. Pero, ¿has dedicado un par de minutos a reflexionar acerca del papel que juega el tiempo en tu vida? ¿Te has preguntado alguna vez si tu gestión del tiempo es adecuada y digna de alguien que aspira a la abundancia? El tiempo, hay que decirlo, es el recurso rey. No existe sobre la faz de la tierra una herramienta tan vital como esas 24 horas que tenemos cada día.

La gestión del tiempo significa estar atento y ser consciente de que, contrario a lo que se cree, no disponemos de todo el tiempo del mundo para alcanzar nuestros objetivos. Hay que ser precisos, funcionales, eficientes con su uso. No importa si tu idea de negocios es la más brillante que existe en el planeta tierra, o si tienes las capacidades técnicas propicias para ser el mejor del mundo en determinada disciplina. Todas estas armas son importantes, desde luego, pero pierden todo su sentido si no eres capaz de administrar el tiempo de forma adecuada y eficiente.

En la actualidad, infinidad de libros nos ofrecen opciones y estrategias para perfeccionar nuestra gestión del tiempo. Incluso las nuevas tecnologías nos podrían ayudar en este sentido. Las aplicaciones más demandadas para la gestión del tiempo son: Toggl, Splitwise, Time rescue, Coffivity, entre otras. Como habrás notado, las opciones son muchas, y casi todas tienen un nivel de eficiencia adecuado. Pero, esto no representa un impacto significativo si tú, en tu esencia, te muestras desordenado y poco respetuoso con tu tiempo o el de los demás. Ahora bien, se pueden inferir algunas ventajas de la planificación en la vida diaria de las personas. A continuación una lista pequeña pero representativa de cuán necesaria es incluir la planificación como un hábito siempre presente en tus jornadas diarias.

1. Disminución del estrés.
2. Mejor capacidad de respuesta frente a las adversidades.
3. Más espacios libres para pasar tiempo de calidad con familiares y seres queridos.
4. Más posibilidades de aprovechar nuevas oportunidades.
5. Cumplimiento de objetivos.
6. Más autoconfianza.
7. Te ayuda a mantenerte enfocado en tu propósito.

La planificación, además, te permite desarrollar la intuición. En lo personal, desde que empecé a planificar mis días con anticipación, he ganado mucha ventaja al momento de enfrentarme a circunstancias previamente consideradas durante el proceso de planificación. Toma un espacio de tu tiempo, preferiblemente antes de irte a dormir, y reflexiona sobre las próximas veinticuatro horas. Esta es la primera etapa. Con el tiempo, podrás adelantarte mucho más, al punto de planificar semanas y meses enteros. En esta ventana de planificación, sobra decir, tenemos que considerar un eventual fracaso. De esta manera podremos pensar en soluciones prácticas sin estar atrapados en el torbellino de emociones que supone un traspié en tiempo real.

Así mismo, debes evitar todas las malas prácticas que te roban tu tiempo. Piensa en ese compañero de oficina que siempre está ocupado, que siempre sale después de hora a pesar de ser uno de los primeros en llegar por la mañana. Esta ansiedad, este estrés son el resultado de una infructuosa planificación. En consecuencia, una mala gestión de su tiempo. Sobra decir que esta persona, pese a sus muchos esfuerzos, nunca será lo suficientemente eficiente con sus actividades, bien sean las del mundo laboral o en la gerencia de su propia vida.

Estas son las malas prácticas que tienes que evitar a toda costa para optimizar tu tiempo:
1. Procrastinación.
2. Área de trabajo desordenada.
3. Elementos distractores como reuniones improductivas, excesivo uso de redes sociales y plataformas de mensajería instantánea.
4. No priorizar.
5. No delegar.

No pierdas de vista el objetivo de este capítulo y de este libro. Si tu propósito es mejorar tus condiciones de vida y alcanzar la abundancia, tendrás que optimizar el más valioso de tus recursos: el tiempo. Sin ellos, no somos nada. Puede que decirlo parezca una obviedad, pero en estos días tan marcados por los ladrones del tiempo (internet, interrupciones, entre otros), donde la gratificación instantánea parece ser el gran rey, conviene recordar el valor de cada minuto cuantas veces sea necesario.

La planificación va mucho más allá de ahorrarnos unos minutos diarios al incluir pequeños actos como despertar más temprano o evitar trasnochos en Netflix. La planificación es una opción infalible para cambiar nuestros procesos mentales. Una vez que empezamos a planificar, nos hacemos conscientes de la relevancia del tiempo en nuestras vidas. En consecuencia, tomaremos acciones focalizadas, precisas, siempre consecuentes con el objetivo que nos hemos trazado. Imagina la tranquilidad mental que sentirás cuando te des cuenta de que una adversidad ha sido anticipada una semana atrás, en una noche cualquiera en la que estableciste planes alternativos. Esa paz, aunada a la eficiencia de haber pensado un plan con mente fría, es más que suficiente para incluir la planificación como una práctica diaria.

Estrategias sencillas para mantener el foco en los objetivos

Si algo ha quedado más que claro con las sucesivas investigaciones en el campo de la psicología social, es que la capacidad para mantenernos enfocados es una herramienta de gran utilidad para el desarrollo personal. Mantener el foco en los objetivos puede ser un verdadero desafío para quien no ha ejercitado el hábito adecuadamente.

Pero, antes de empezar, ¿qué significa mantener el foco? Imagina por un instante que eres un emprendedor. Tienes una idea comercial, crees que esta es bastante buena y que, en consecuencia, una debida planificación te traerá una buena cantidad de dinero a tu bolsillo. La idea contiene todas las características necesarias: es rompedora, práctica, realista y representa la solución sostenible para un problema bien detallado. Teniendo en cuenta todos estos factores, ¿qué podría fallar? En teoría, el plato está servido para el éxito. Sin embargo, independientemente de todos estos factores, si tu mente no está blindada para mantener el foco en todo momento, corres el riesgo de perder la batalla.

En la actualidad, mantenerse enfocado es una tarea ardua y complicada. En principio, por la gran variedad de factores que distractores. En segundo lugar, porque existe la falsa creencia de que desarrollar muchas tareas a la vez es un buen hábito de productividad cuando es precisamente todo lo contrario. Ahora bien, el enfoque es una práctica que puedes incluir en tu vida diaria en forma de conexión neuronal. Recuerda lo conversado anteriormente: el cerebro humano posee una propiedad denominada plasticidad. Esta, por definición, nos indica que el cerebro puede ser constantemente programado en aras de nuestro desarrollo como individuos.

La buena noticia es que, a continuación, te ofreceré algunas tácticas infalibles que te serán de gran ayuda para desarrollar el hábito del enfoque y adecuarlo a tu vida diaria. No olvides que todo proceso de reprogramación mental pasa por la repetición. Cada vez que repites determinada acción, esta se consolida como una opción prioritaria en la mecanización de tu mente. Esto nos sugiere que el cerebro puede reprogramarse, pero que lo más difícil es el primer paso. Por ejemplo, si has decidido despertar una hora más temprano de lo habitual, los primeros dos o tres días te costará mucho. Conforme avance el tiempo y repitas esto, tu cerebro terminará adaptándose. Llegado el punto, no te será difícil despertarte un poco más temprano para aprovechar cada minuto de tu jornada matutina. Este ejemplo, aunque pequeño, puede ser extrapolado a distintos ámbitos de la vida.

Siguiendo este orden de ideas, algunas estrategias para mantener el foco siempre en el lugar correcto: tus metas. ¿Estás listo?

Elimina las distracciones.

Como es bien sabido, las distracciones son el enemigo número uno del tiempo y del enfoco. Estas distracciones no solo pueden arruinar tu planificación, obstaculizar tu ascenso a la prosperidad sino que terminan creándote la necesidad de la gratificación instantánea. En este sentido, procura eliminar todas las distracciones que consideres como elementos de riesgo en tu vida. Para ello, puedes optar por una rigurosa planificación que implique:

- Precisar cantidad de tiempo diaria para las redes sociales.
- Determinar una hora específica para el chequeo de tus correos electrónicos.
- Cuidar el tiempo que utilizas para la recreación. Este no deberá ser mayor al invertido en tu propósito de vida.

Duerme lo suficiente.

Se ha determinado que existe una relación directa entre nuestras horas de descanso y nuestros niveles de productividad. Cuando duermes menos de las horas recomendadas (7 horas por noche), tu mente y tu cuerpo resienten la falta de un descanso adecuado. Esto tiene repercusiones directas en la capacidad de generar nuevas ideas, resolver conflictos y evitar elementos distractores. De hecho, es muy probable que no estés descansando lo suficiente por el uso excesivo de las redes sociales o de la televisión. Sea cual fuere tu caso, provéete la cantidad recomendada de descanso reparador y mantendrás tu mente totalmente fresca y lista para las batallas del día a día.

Haz pequeñas listas de tareas.

Te sorprenderá la efectividad de las listas en muchos aspectos de la vida. Para mantenerte enfocado, estas son un recurso inmejorable. Trasladar un pensamiento al plano físico (escritura) es una forma de reconectarte con ese objetivo que te has trazado. En este sentido, te recomiendo que durante la víspera, te tomes unos minutos para planificar tu día teniendo en cuenta tu meta. Establece pequeñas tareas, todas relacionadas a tu propósito. Inconscientemente, tu mente estará repitiendo tu razón de ser. En este caso, la prosperidad. La verbalización funciona como un cable a tierra, conectando nuevamente tu mente con las acciones focalizadas.

Construye una mentalidad adecuada.

Ha quedado claro que construir una mentalidad de enfoque no es algo que podrás hacer de la noche a la mañana. Requiere tiempo, constancia y mucha fuerza de voluntad. La buena noticia es que tu cerebro termina siempre por premiar el esfuerzo de quien pone manos a la obra para cambiar todas estas pequeñas programaciones mentales.

En este sentido, reflexiona desde la neutralidad. No te

reproches haber desperdiciado demasiado tiempo en labores inocuas, esto podría ser contraproducente. Utiliza una perspectiva de "construcción". Con esto quiero decir que converses contigo mismo como si hablaras con tu mejor amigo, con tu hijo o con tus padres. Cuando hablamos con seres queridos, buscamos las palabras adecuadas para no herirles. Reconoce el impacto que las distracciones tienen en tu vida, pero no te juzgues. Si has perdido mucho tiempo en actividades improductivas, acéptalo y analiza. Llegado el punto, volverás a hacerte consciente del valor del tiempo en tu vida.

Ejercita tu mente a través de la visualización.
Posiblemente se trate de una de las estrategias más sencillas y transformadoras de la lista. La visualización consiste en cerrar tus ojos y proyectarte mentalmente a ese lugar en el que tanto quieres estar. No me refiero, desde luego, a una playa o a tu casa de veraneo. Me refiero a la cima del éxito y de la abundancia. Dedica 10 minutos por las noches a realizar este ejercicio. Posiciónate en la punta de la montaña. Estás allí y eres totalmente feliz; haz conseguido superar cada uno de los obstáculos del camino, ahora solo te limitas a disfrutar de tu sueño ya alcanzado. Este proceso neuro-asociativo implica reforzar la idea de aquello que quieres alcanzar a través de la asociación con esas emociones que te dominan al pensar en ello. ¿Te sientes en paz? ¿Sientes felicidad? ¿Plenitud? ¿Dicha? ¿Alivio? Todas estas son emociones positivas que, con la visualización, intensifican la necesidad de mantener la meta entre ceja y ceja.

Los objetivos Smart… ¿en qué consisten? ¿Cuáles son sus ventajas?

Cada aspecto de la vida, por pequeño que parezca, requiere objetivos. En otras palabras, metas sobre las que establecer planes de acción concretos. Estructurar estos objetivos es, para muchos, un desafío, un verdadero problema. Pero, ¿por qué para algunos es tan complicado crear objetivos coherentes, concretos y realistas? Si bien existen muchas posibles razones para explicar esto, la realidad es una y esta exige que tengamos muy claro el norte que perseguimos. De lo contrario, estaríamos andando y desandando sobre nuestros pasos sin tener una sola certeza acerca del destino que queremos alcanzar.

Dicho esto, ¿qué son los objetivos Smart? Este método, cuyo título proviene de un acrónimo inglés. La palabra Smart hace referencia a los cinco elementos que debe tener un objetivo, digamos, como estándares de claridad. Se entiende que si un objetivo posee estas cinco características, facilita el monitoreo y la eventual concreción de estos. Ahora, ¿cómo puede el método Smart ayudarnos a establecer objetivos perfectos para nuestra vida? Y, ¿qué significan estas siglas?

S (specific, específico): La construcción de un objetivo tiene muchas bases. Pero nada es tan importante como su especificidad. Un objetivo específico es crucial para todos los planes de acción que se desprendan de él. Un objetivo es lo suficientemente específico en la medida en que responda a una serie de preguntas específicas.

- ¿Qué estás tratando de lograr?
- ¿Cuál es la razón del objetivo?
- ¿Cuándo quieres concretar este objetivo?

Estas preguntas suponen el esqueleto del objetivo. Si tu objetivo es tan específico como para tener claras todas estas cuestiones, entonces has empezado bastante bien. Recuerda que no tiene ningún sentido perseguir una meta si esta no satisface tu vida en su totalidad.

• M (measurable, medible): ¿Puedes medir tus avances en relación a este objetivo? De acuerdo al método Smart, los objetivos deben ser perfectamente medibles. De esta manera podrás garantizar una reacción rápida en el supuesto de que te desvíes o pierdas el enfoque en el camino. Esta característica es fundamental porque te permite activar un plan de contingencia en caso de que la planificación original se vea afectada por elementos fortuitos. Así, con la aplicación de los correctivos, retomar el camino. La relevancia de esta característica es que funciona en dos sentidos vitales. 1) Te ayuda a mantener siempre el enfoque. 2) Te ayuda a diagnosticar alguna novedad en los indicadores de gestión.

• A (achievable, alcanzable): ¿Por qué es importante que tus objetivos sean alcanzables? Puede que esta pregunta parezca una obviedad, sin embargo este es el error más común, tanto de empresas como de personas, en lo concerniente a la estructuración de objetivos. Los objetivos deben ser alcanzables porque, de lo contrario, corremos el riesgo de que nuestra motivación se vea mermada o destruida ante la incapacidad de llegar a la meta. Por ejemplo, si te trazas como objetivo de vida algo demasiado irreal, más temprano que tarde te darás de bruces con la realidad. Y, sobra decir que recuperarse de un golpe así es para muchos imposible. De allí la relevancia de establecer objetivos alcanzables y realistas.

• R (realista, relevante): El ombligo de este segmento pasa por la necesidad de construir objetivos genuinamente realistas. En la medida en que perseguimos metas realistas, los desafíos que enfrentemos en el ínterin serán abordados desde una perspectiva de éxito. En otras palabras: sabemos que nuestra meta está al alcance, de manera que no nos permitiremos claudicar cuando las circunstancias se pongan medianamente complicadas. Esta es la importancia de un objetivo realista. A diferencia de las metas irreales, que tienen a desmotivarnos con golpes de realidad. No te plantees objetivos como "Para fin de año estaré adquiriendo la mayoría de acciones de Google". La ambición es bien recibida siempre y cuando no sea un arma de doble filo que amenace con suprimir tus propias expectativas.

- T (time-bound, límite de tiempo): Establecer objetivos no es tan complicado como algunos piensan. Solo necesitas tener un criterio bien definido de lo que quieres alcanzar, expresarlo en una planificación y tomar acciones para llegar a esa meta. En este sentido, los límites de tiempo son importantísimos. Para garantizar el enfoque, cada objetivo deberá estar apegado cierta rigurosidad temporal. Imagina que tienes un objetivo bien definido, específico y realista, pero no crees necesario establecer "límites de tiempo". Caer en este juego es muy arriesgado porque, más temprano que tarde, terminarás cediendo a los elementos distractores del día a día por la excusa de que no hay apuro. No olvides que los elementos distractores no solo son ladrones de tiempo, también asesinan poco a poco tu enfoque. La prioridad es concretar tus objetivos. Si bien es cierto que no debes establecer límites absurdos e ilógicos, sí es pertinente que te pongas fechas límites.

La ventaja del método Smart pasa por darle a cada característica de tu objetivo la potencialidad suficiente para que, a su vez, sea un refuerzo positivo en términos de enfoque, motivación y acción focalizada.

Características de un objetivo construido para alcanzarse

La construcción de un objetivo es la base sobre la cual trabajaremos durante el resto de nuestra vida. Esto sugiere que dicha construcción debe realizarse desde un enfoque pragmático. No tiene ningún sentido plantearse metas inalcanzables o que carezcan de razón lógica, porque esto supone un riesgo muy alto en distintos aspectos. En primer lugar, porque una meta irreal nos enfrentará a obstáculos densos, tan complejos que terminaremos claudicando incluso antes de lo pensado. Dicho sea de paso, entendiendo que la motivación es el combustible de toda búsqueda, no debemos exponer este a factores que nos trascienden.

El ser humano tiene las capacidades para llegar prácticamente a cualquier lugar, no obstante, cuando nos planteamos objetivos demasiado complejos, arriesgamos nuestra fuerza de voluntad y enfoque, quedando estos expuestos ante el aluvión de circunstancias adversas. En un contexto corporativo esto es fundamental porque hay recursos en juego.

La mayoría de las personas entienden mejor la relevancia de los objetivos puestos sobre el tapete del mundo profesional. En este aspecto, se tienen en consideración tópicos como el dinero, el recurso humano, las posibilidades logísticas, entre otros elementos. Lo curioso es que todos estos recursos son también el alimento de una búsqueda personal. Quien se ha trazado determinada meta, en el camino tiene que invertir dinero (bien sea para su formación o para la capitalización de cierta idea), recursos asociados a sus talentos y destrezas individuales, tiempo, entre otros.

En el libro La fábrica del tiempo, publicado por los autores Martina Rua y Pablo Fernández, se hace referencia a los objetivos de la siguiente manera:

> Los objetivos con sentido no son ideas o deseos vagos, son el punto de referencia para medir el éxito o el fracaso. Si estos objetivos no son claros, es fácil caer en la trampa de completar tareas sólo porque "hay" que completarlas. Y atención, porque esto puede generar un bienestar inmediato por "estar completando cosas", pero no tiene que ver con un progreso real en tu master plan. Quedar atrapado en la idea de definir demasiados objetivos es una manera de perjudicar tu habilidad de ser productivo y, lo que es peor, tu bienestar en general. Por ejemplo, para que la calidad de tu trabajo no sufra y llegar con todo lo prometido, decidís sacrificar el tiempo de descanso y de desconexión en casa, y eso genera un círculo vicioso que termina repercutiendo en la esfera personal y laboral.

En lo personal, has de tener en cuenta que un objetivo solo es funcional cuando facilita el enfoque de las personas involucradas. De allí la importancia de evitar a toda costa objetivos que sean difusos, subjetivos, porque estos terminan perdiéndose en la bruma del día, caracterizada por un dinamismo muchas veces tan violento como impredecible. En este sentido, los objetivos deben facilitar el enfoque y propiciar un plan de acción detallado en aras de su concreción. Algunas de estas características fueron definidas en el segmento anterior, donde se ahondó en el método Smart. Sin embargo, existen otras que vienen a reforzar una idea muy concreta: construir objetivos para alcanzarse.

En síntesis, un objetivo debe ser:

- Esenciales.
- Precisos.
- Explícitos.
- Potenciadores del talento.
- Desafiantes.

Capítulo 4
Hábitos positivos y hábitos negativos

Como seres de hábitos, es imprescindible que sepamos identificar cuáles son esas conductas que, en efecto, aportan valor en nuestras búsquedas personales. En el caso que aquí nos ocupa, sería prácticamente imposible atraer la prosperidad y la abundancia a tu vida si no fortaleces tus prácticas diarias con los hábitos adecuados. Me refiero a esos comportamientos que, una vez establecidos como conexiones neuronales en nuestra mente, representarán las acciones inconscientes del día a día. Creo conveniente recordar que un porcentaje significativo de lo que hacemos proviene de estos procesos mecanizados que tienen lugar en nuestro cerebro. Este es el quid del capítulo que estás por leer.

Las páginas contenidas en este capítulo apuntan a orientarte más concretamente en los hábitos ideales para las personas productivas que no se permiten más opción que el éxito y la plenitud en sus vidas. En este sentido, la primera parte del capítulo busca enseñarte los y hábitos que sabotean tu prosperidad. Si bien es cierto que muchos de estos hábitos provienen de condicionamientos adquiridos durante la primera etapa de desarrollo, existe la posibilidad de reprogramar nuestro cerebro para suprimirlos. De esta manera no solo le restamos poder en procesos como la toma de decisión o las reacciones automáticas, sino que podemos sustituirles por prácticas muy llevaderas y funcionales, más idóneas para la concreción de los objetivos que nos hemos trazado.

La buena noticia es que este capítulo no solo centra su contenido en los comportamientos infructuosos que no aportan nada a la consecución de nuestras metas; en el segundo segmento hago especial énfasis en aquellas prácticas que, puestas en marcha diariamente, terminarán ofreciéndonos los frutos requeridos para seguir el franco ascenso hacia una mejor condición de vida basada en la prosperidad, la abundancia y la plenitud, elementos que constituyen la base de una vida feliz. Ahora, ¿te has preguntado alguna vez cómo es posible adaptar estos hábitos en tus rutinas? Entendiendo que mi objetivo con este libro es ofrecerte todas las herramientas pertinentes para que crezcas personal y financieramente, he asumido el desafío de enseñarte a incorporar nuevos hábitos (por naturaleza, productivos y fructíferos) a tu vida. De esta manera, cierro un capítulo en el que cambia ligeramente el foco: aquí nos abocaremos a la praxis.

Tienes las competencias necesarias para depurar tus programaciones mentales. Así, todo cuanto te propongas es una opción viable en términos de productividad y crecimiento. Créeme cuando aseguro que, a lo largo de mi trayectoria, he ayudado a muchas personas a cambiar radicalmente sus sistemas de creencias y hábitos. Esto, desde luego, en aras de un objetivo muy específico: ser una persona abundante. Siguiendo este orden de ideas, extiendo la invitación para que leas con suma atención todos los conceptos, opiniones y recomendaciones ofrecidas a lo largo de las páginas que leerás a continuación. Tienes en tus manos la posibilidad de cambiar tu existencia, de tener una mejor vida, así como yo lo he logrado, y ahora tengo la determinación de continuar con la transformación de mi vida, porque este es un camino del que no debemos apartarnos. ¿Quieres conocer a profundidad cuáles son esos 7 hábitos que están socavando tus opciones de éxito? ¿Estás realmente interesado en saber con qué prácticas puedes sustituirlos? Si este es tu caso, continúa la lectura y encontrarás respuestas satisfactorias a tus inquietudes más esenciales.

7 hábitos que sabotean tu abundancia y prosperidad

Cerca del 60% de nuestros comportamientos provienen de la mente subconsciente. Por ejemplo, nuestra hora de almuerzo es un hábito construido desde épocas pasadas. La pulcritud es otra de esas prácticas que hemos arrastrado con nosotros desde la infancia, principalmente en aquellos hogares con representantes ordenados e higiénicos. Así, existen infinidad de hábitos que conforman el día a día de cada individuo. Pero, ¿son positivos todos estos hábitos? Desafortunadamente, no. Aunque no seas plenamente consciente de ello, muchos de los hábitos que hoy conforman tu estructura de pensamientos y sistema de creencias, están saboteando tus opciones de alcanzar una vida de abundancia y prosperidad.

El escritor James Clear, autor del libro Hábitos atómicos, nos dice que:

> No importa cuán exitoso seas en este preciso momento. Lo que importa es determinar si tus hábitos te están conduciendo hacia el camino del éxito. Debes preocuparte más de la trayectoria que estás siguiendo en el presente que de los resultados que has alcanzado hasta ahora. Si eres millonario pero gastas más de lo que ganas cada mes, entonces estás siguiendo una

mala trayectoria. Si tus hábitos de consumo no cambian, no vas a terminar bien. En cambio, si estás en quiebra pero consigues ahorrar un poco cada mes, entonces te encuentras en un camino que te conducirá a la libertad financiera, aun si lograrlo te toma más tiempo del que te gustaría.

Independientemente de tu área de desarrollo profesional, de tus caracteres como persona, de tu forma de relacionarte con los demás, de tu posición social o económica, es probable que con el tiempo hayas adquirido comportamientos (por herencia o condicionamiento) que pueden estar destruyendo o minimizando tus esfuerzos para llegar a la cima. Esta es una lista de los 7 hábitos que podrían estar saboteando tu abundancia. Cabe destacar que esta lista ha sido elaborada desde mi experiencia. Lo observado durante mi trayectoria me ha permitido concluir que estos son los 7 hábitos más comunes con los que nos saboteamos.

1.   El uso de las redes sociales.

Sí, restarle poder a la presencia de las redes sociales en tu vida puede parecer una tarea desafiante. Sin embargo, es necesario que establezcas un horario preciso para el uso de todas estas plataformas que la tecnología ha creado para darle un enfoque distinto a las relaciones humanas. Si bien es cierto que las redes sociales tienen la potencialidad de impulsar un negocio, también son nocivas cuando su desmedido uso recreativo sustituye otras actividades que agregarían más valor a nuestra búsqueda. En tu planificación, establece un intervalo de tiempo que podrás dedicar exclusivamente a su uso recreativo, pero no alteres este cronograma. Recuerda que la idea es desarrollar tu potencial y ser próspero.

2. Albergar pensamientos negativos.

Nuestro sistema de creencia tiene implicación directa en los resultados obtenidos. Este tema, ampliamente tocado en capítulos anteriores, es de especial relevancia para quienes aspiren mejorar significativamente sus condiciones de vida. A menudo nos enfrentamos a eventos fortuitos que amenazan con interrumpir nuestro ascenso a la cima. Esto es comprensible. Pero, ¿vale la pena sumarle a estos obstáculos el peso de los pensamientos negativos? Sustituye esas voces que te dicen que no puedes. Tú puedes, tienes todo para lograrlo. Solo debes silenciar los comentarios negativos que te haces a ti mismo desde la mente subconsciente y poner el foco en tus objetivos.

3. Vicios y malas prácticas personales.

Para nadie es un secreto que los vicios personales como el cigarrillo, el alcohol, las drogas o los juegos de azar representan una bomba de tiempo. En primer lugar porque corremos el riesgo de descapitalizarnos y en última instancia porque estamos perdiendo por completo el control de nuestro equilibrio emocional. Está claro que dejar atrás hábitos como los antes referidos puede ser difícil, complejo, pero nada es imposible cuando hemos descubierto el funcionamiento de nuestra mente. La buena nueva de que nuestro cerebro puede reprogramarse en aras de nuestro crecimiento es una ventaja que debemos aprovechar para retornar al sendero de la prosperidad y la abundancia.

4. No formarte.

Las habilidades son como músculos. Deben ser constantemente ejercitadas porque, de lo contrario, terminan por atrofiarse. Esto mismo sucede con nuestras destrezas o competencias técnicas; independientemente de cuán talentosos seamos en algo, si no nos formamos lo suficiente, terminaremos perdiendo todas las posibilidades de generar abundancia desde ellas. Dar por sentado que nuestro talento es innato, que no caducará jamás, es un supuesto demasiado peligroso. Principalmente porque vivimos en un mundo cambiante y competitivo, donde cada nuevo día surgen nuevas formas de hacer las cosas. Dicho de otra manera: no formarte lo suficiente está alejándote de la cima del éxito.

5. El sedentarismo.

Llevar una vida sedentaria es, por definición, la antítesis de la acción, de la proactividad. Recuerda lo dicho anteriormente: la fórmula para ser una persona abundante y próspera es la sumatoria de dos elementos: mentalidad y acción. Si eres de los que se pasa todo el día frente al televisor, sentado en el sofá de tu sala o acostado mirando a la insoslayable nada del techo, estás cavando tu propio hoyo de mediocridad y escasez. El sedentarismo es un indicador incuestionable de que una persona carece de los dos elementos necesarios para triunfar. ¿Te sientes identificado? Es el momento de cambiar.

6. No ahorrar lo suficiente.

Uno de los grandes problemas para los especialistas o mentores de la administración de finanzas personales es el hábito del ahorro. ¿Por qué a tantas personas les cuesta dar un paso adelante y retomar el control de sus vidas? Lamento informarte que no ahorrar lo suficiente es como tener un grillete de dos kilos atado a cada tobillo. Si te cuesta alimentar este hábito, me permito recomendarte que empieces con pequeños fragmentos de tu sueldo mensual; puedes solicitar el apoyo de un profesional de las finanzas para que te oriente en este sentido, al menos mientras tu cerebro se adecúa a la prevención que suponen los ahorros.

7.   Personas tóxicas.

Se trata de uno de los peores hábitos que puede tener un individuo. Con independencia de tu situación actual, de tus habilidades o de los recursos que tienes para llevar tu idea a buen puerto, de nada te sirve tener toda la actitud si te rodeas de las personas menos indicadas. Hay quien asegura que los amigos son esa familia que sí hemos escogido por voluntad propia. Dicho esto, en la medida en que te rodeas de personas tóxicas, tus energías vitales terminan suprimidas. Esa toxicidad (comentarios pesimistas, constantes quejas, condicionamientos negativos) es una bomba de tiempo. Esta es una práctica que podría estar alejándote de la persona que quieres ser.

7 hábitos de una mentalidad próspera

Del mismo modo que conociste en el segmento anterior los 7 hábitos con que las personas suelen sabotearse a sí mismas, ahora llegó el turno de las buenas prácticas. Un amigo me dijo una vez que, de no haber cambiado sus comportamientos rutinarios, jamás habría conocido al amor de su vida y, en definitiva, a sus maravillosos hijos. Este comentario me llevó a pasar varias noches reflexionando en torno a tal idea.

Durante los últimos años me he dedicado a ayudar a

las personas a encontrar la abundancia, la prosperidad y el éxito. Durante este trayecto me topé con distintos tipos de personalidades, pero el denominador común era: el dinero. Todos asociaban la palabra abundancia con dinero. No digo que esté mal; de hecho, es un buen síntoma que tengamos una buena relación con la idea del dinero, pero, ¿solo se trata de dinero? Independientemente de lo que tú o yo entendamos por abundancia, el cambio de hábitos proveyó a ese gran amigo de oportunidades. ¿Por qué? Porque de no haber empezado rutinas de ejercicio físico, jamás habría conocido a quien luego se convertiría en su esposa. Y, en consecuencia, no habría conocido a esos maravillosos hijos que hoy le acompañan.

Exactamente lo mismo ocurre contigo. Si hoy no tomas la decisión de incluir hábitos adecuados en tu día a día, no tendrás las mismas oportunidades que alguien que sí ha escogido el camino del éxito. Es por esta razón que a continuación te presento los 7 hábitos característicos de una mentalidad próspera.

Inteligencia emocional.

Desde que Daniel Goleman arrojara sus luces con el concepto de inteligencia emocional, se rompieron todos los paradigmas establecidos en cuanto a crecimiento personal, profesional e integral. Nadie podía creerse que un conjunto de técnicas tan sencillas nos ofrecieran la oportunidad de controlar el aluvión de emociones (negativas, neutras y positivas) que cada jornada diaria traía consigo. Pero, no solo controlar estas emociones… ¡también sacarles provecho! Muchas personas antes que Goleman hacían esto sin tener un nombre que definiera tal habilidad. Ahora, tras varias décadas de estudios sobre el término acuñado por Daniel Goleman, las pruebas dan fe de que quien consigue controlar inteligentemente sus emociones, tiene la mitad del camino andado.

Lee para aprender más que para recrearte.
Si eres un asiduo lector, este hábito te resultará un poco complicado. En mi caso leía por entretenimiento, pero muy poco, hasta que me decidí a hacer de la lectura un hábito consciente, y luego se hizo automático. Está claro que este hábito me ayudó a desarrollar una oratoria óptima y un sentido del orden semántico y sintáctico. Pero, si tu objetivo es crecer exponencialmente, deberás hacer lo que yo hice llegado un punto: leer como aprendizaje y no como recreación. Conforme leas literatura que te ayude (finanzas personales, inteligencia emocional, liderazgo, ventas, entre otros), tus habilidades serán repotenciadas. Estas, en consecuencia, te darán un impulso significativo hacia la cima.

Planifica el uso de tu tiempo.
Este tema ya ha sido tratado en capítulos anteriores. La planificación es una herramienta neurálgica para alcanzar el éxito. En primer lugar, porque entendemos que el tiempo es un recurso valioso que debe ser respetado; en segundo lugar porque nos permite adelantarnos a eventualidades inherentes al camino. En este sentido, la previsión propia de planificar el uso del tiempo nos ayudará a establecer planes alternativos con cabeza fría. En consecuencia, mejoraremos nuestras opciones de respuesta cuando las circunstancias se tornen un poco difíciles. Cuando planificamos el uso del tiempo, estamos quitándole el control al azar para apropiarnos de nuestro

propio destino. Se trata, en definitiva, de una herramienta infalible.

Establece un objetivo primario.

¿Por qué tener un objetivo primario es uno de los hábitos comunes en las personas con una mentalidad próspera? Porque estos individuos saben lo que quieren. Cada acción tomada, pequeña o monumental, apunta a ese objetivo primario previamente definido. Estas personas, además, saben que para que un objetivo sea lógico ha de cumplir con ciertas características. Debe ser: específico, medible o cuantificable, alcanzable, realista. La idea es evitar maromas de azar. Un objetivo específico te permitirá estructurar planes de acción cónsonos con esa meta. De manera que, si quieres estar alineado con otras mentes prósperas que han resultado ser exitosas, empieza por crear un objetivo y abocarte a su concreción.

Trabaja con listas de tareas diarias.

Las listas de tareas nos ayudan en muchos sentidos: en primer lugar, porque al verbalizar el objetivo primario, alineamos nuestras pequeñas tareas o acciones diarias de acuerdo a ese fin. Esto arrojará como resultado un enfoque mucho más sólido y sostenible en el tiempo. En segundo lugar, porque forma parte de la planificación diaria. No se trata solo de tener una interminable lista de tareas para hacer, sino de elaborar bosquejos de posibles soluciones. En el caso de que aún te preguntes qué se gana haciendo esto, ganamos tiempo, el recurso más valioso de todos cuanto disponemos en la vida.

Controla tus gastos.

Si algo caracteriza a las personas exitosas es el autocontrol. Todos los grandes referentes de la abundancia y la prosperidad saben de primera mano que el autocontrol es una garantía en términos de solvencia económica y capital. Ellos saben controlar sus gastos, rehúyen de las gratificaciones instantáneas porque entienden el significado de la visión a largo plazo. Esto es lo que hace que alguien con mentalidad próspera se mantenga atenta en todo momento a las oportunidades provistas por la vida. En este sentido, si quieres convertirte en alguien próspero, debes controlar tus gastos y evitar descapitalizarte bajo ninguna circunstancia.

Despierta temprano.

Del mismo modo que trasnochar es un hábito que te aleja de la prosperidad, despertar temprano cada día es la antítesis: el aliado perfecto de quienes saben que tienen en sus manos el poder para mejorar sus condiciones de vida. Proponte despertar una hora antes, incluye en este nuevo espacio de tiempo rutinas como ejercicio físico, meditación, lectura o planificación. De esta manera, optimizarás tu tiempo y reaccionarás más eficazmente ante las distintas circunstancias de la jornada diaria. Al principio puede ser complicado, después de todo, ¿quién no siente la tentación de posponer la alarma solo unos cinco minutos más? Pero si consigues vencer esta primera resistencia, te garantizo que tu cerebro se familiarizará rápidamente con la idea de despertar un poco más temprano cada día.

¿Cómo adoptar hábitos positivos?

Ahora que ya conoces la esencia de un hábito negativo y de uno positivo, ha llegado el momento de tomar medidas al respecto. Si has identificado alguno de los malos comportamientos referidos anteriormente, la información ofrecida a continuación te será de gran ayuda. Recuerda que tú tienes total control de tu lo que ocurre en el interior de tu mente, tanto de la subconsciente como de la consciente. Esto quiere decir que tienes la capacidad para cambiar tus patrones de pensamientos, adaptándolos así al propósito que hayas trazado para tu vida. La plasticidad de nuestro cerebro es una de esas características que hacen posible estos cambios.

Adoptar hábitos positivos requiere, en primera instancia, que conozcas el funcionamiento de tu cerebro. La buena noticia es que has aprendido mucho a lo largo de las primeras páginas de este libro. Ahora ya sabes, por ejemplo, que un hábito es un comportamiento que se ha conformado como conexión neuronal en tu cerebro. También sabes que conforme se repita determinado comportamiento, se hará mucho más estable la conexión, por lo que resultará más compleja su eliminación. Tener una noción básica de neurociencia nos ayudará a entender por qué el cerebro reacciona de determinadas maneras y, en consecuencia, cómo podemos adoptar hábitos positivos para mejorar nuestras condiciones de vida.

Mis años de experiencia me han ayudado a identificar que todo este proceso de cambio pasa por racionalizar en torno a 3 elementos fundamentales. Si tienes en cuenta los siguientes puntos, te resultará mucho más sencillo adoptar nuevos hábitos, prácticas más funcionales y orientadas al objetivo primario que te hayas trazado como propósito de vida. La idea de estos 3 elementos es que los leas constantemente, para luego aplicar en ellos toda tu disciplina y perseverancia.

Hazte responsable de ti y de tus hábitos.

Este es el primer requisito que has de tener en cuenta. Hazte responsable de aquello que puede ocurrir (o está ocurriendo) en tu vida por consecuencia de los hábitos que hoy conforman tu día a día. Evita a toda costa acudir a las excusas o justificaciones. No culpes a otros por aquello que solo depende de ti, de tus acciones, de tu mentalidad. Deshazte de la idea de que las circunstancias son las únicas responsables de tu situación actual. ¡Arroja las excusas al basurero! Tienes una responsabilidad contigo mismo; de allí la importancia de entender que tus hábitos pueden estar afectando tu camino al éxito.

Apoya el cambio desde la planificación.

No importa cuán compleja resulte una tarea, la planificación puede facilitarte las cosas en términos de anticipación de problemas, de logística, de planes de acción, entre otros. Si bien es cierto que esta herramienta es comúnmente asociada a cuestiones como el manejo del dinero o actividades académicas, la realidad es que su aplicabilidad va mucho más allá. Aprovecha la naturaleza "rutinaria" de los hábitos e inclúyelos en tus jornadas diarias. Esta es una buena manera de enviarte una señal a ti mismo. "Estoy incluyendo un hábito" es el mensaje que deberá llegar a tu cerebro cuando note que determinada actividad ha sido incluida reiteradamente en las acciones de cada día.

Sé consistente en todo momento.

Todos hemos caído en la tentación de fallarnos a nosotros mismos. Sobre todo en aquello que de las resoluciones de año nuevo. Pero, aunque ahora mismo pueda ser un recuerdo jocoso, estas resoluciones son la representación más clara de cómo la inconsistencia puede ser un factor determinante en la no consecución de objetivos. En el caso que aquí nos atañe, es imposible adoptar nuevos hábitos si no somos consistentes en todo momento. La razón se debe a que, lógicamente, los hábitos se generan a partir de repeticiones. De manera que no tendría ningún sentido hacer uno o dos esfuerzos aislados por incluir cierta conducta en el día si no logramos mantenerla en el tiempo hasta que la conexión neuronal se vea robustecida.

Para dar por finalizado este capítulo, una pequeña reflexión extraída del libro Hábitos eficaces, de David Angulo:

> Todo cambio se inicia en la mente. Para cambiar la sociedad, antes hay que cambiar a las personas. Las leyes sirven de poco si no van acompañadas de un plan orientado a cambiar la actitud mental de las personas. Todas las leyes del mundo no sirven para controlar a una sola persona. La pueden reprimir y encarcelar, pero jamás controlar su mente. De aquí la importancia de orientar los esfuerzos al cambio de actitud mental, porque más importante que cambiar el mundo por fuera es cambiarlo por dentro.

Capítulo 5
La fuerza de voluntad

Nada es posible para quien carece de fuerza de voluntad. La historia de la humanidad nos ha provisto de un sinfín de ejemplos que dan cuenta de esta premisa; la vida, por naturaleza, está llena de dificultades que pueden amenazar nuestras posibilidades de éxito. Esta es razón suficiente para interpretar que la fuerza de voluntad es una competencia neurálgica en toda búsqueda. Independientemente de tu propósito, necesitarás enormes dosis de esta cualidad para sortear obstáculos y dificultades en el camino. La finalidad de este capítulo es ayudarte a entender cómo funciona la fuerza de voluntad en términos de prosperidad y abundancia.

Para nadie es un secreto que las personas que hoy consideramos referentes unánimes en la plenitud y el éxito conservan y ejercitan esta competencia siempre que la situación así lo requiera. Casos de éxito como el de Steve Job, Walt Disney o Jeff Bezos, son una prueba irrefutable de cuán importante es la fuerza de voluntad. Pero, ¿sabes realmente qué significan estas palabras en la actualidad? ¿Conoces las razones que llevan al debilitamiento de la fuerza de voluntad? ¿Entiendes la relación existente entre esta y la motivación? Estos aspectos serán tratados con mucho profesionalismo en las siguientes páginas.

Una de las grandes diferencias entre aquellos que hoy son considerados exitosos y quienes aún se encuentran en la búsqueda de la prosperidad estriba, en esencia, en su capacidad de mantenerse íntegros en momentos difíciles. En este sentido, la resiliencia juega un papel fundamental.

Se entiende por resiliencia la capacidad de un individuo de sobreponerse a las adversidades. Si bien este concepto no es exactamente el mismo que fuerza de voluntad, van de la mano en cuanto a la disposición de las personas frente a las tragedias o vicisitudes del día a día.

La buena noticia es que esta capacidad, al igual que otras de las referidas a lo largo de este libro, puede ser desarrollada con base a la motivación y a la determinación de cada quien. La voluntad es lo que nos determina como individuos capaces. En un mundo donde impera la competitividad, los cambios y la necesidad de adaptabilidad, la voluntad adquiere especial importancia.

Malala Yousafzai, Oprah Winfrey, Stephen Hawking, y mucho otros, llegaron a cumplir sus objetivos, porque tuvieron esa chispa que aquí llamamos fuerza de voluntad. El denominador común entre estos personajes (y entre muchos otros que aquí no son mencionados) es la habilidad de dar todo de sí mismo, incluso en medio de las adversidades más oscuras. Por esta razón es que me he decidido a escribir un capítulo entero dedicado al tema de la fuerza de voluntad y su potencia transformadora. Sea cual fuere tu situación, has de contar con ella para llegar a la tan anhelada abundancia.

¿Por qué se debilita tu fuerza de voluntad?

Si entendemos que la fuerza de voluntad es necesaria para cualquier aspecto de la vida, ¿por qué algunas personas sienten que esta pierde potencia, se debilita? Es fundamental que sepamos reconocer cuando esto sucede porque, así, podremos aplicar todas las medidas correctivas necesarias. La voluntad es lo que nos acerca a la meta a pesar de las dificultades, en este sentido, todas las tácticas para robustecerla son válidas. Si bien es cierto que existen muchas posibles razones, a continuación, te ofreceré las 5 explicaciones más comunes. Lee con atención, y si identificas alguna de estas razones en ti mismo, es el momento de tomar acciones concretas para mejorar tu condición actual. No olvides que sin voluntad somos poco menos que seres que se limitan a existir. Tú, desde luego, aspiras llegar al cielo.

Falta de equilibrio.
La fuerza de voluntad va más allá de "potencia". Es una cuestión de equilibrio. Por ejemplo, durante las primeras semanas de cada año los gimnasios resienten un exceso de demanda. Miles de personas compran sus membresías y se agolpan en las entradas de cada establecimiento. El impulso de las resoluciones de año nuevo se ven representadas en esas largas colas de aspirantes a un espacio en el mejor gimnasio de la ciudad. Conforme pasan los meses, un importante porcentaje de los nuevos miembros han dejado de asistir. Esto se debe a una errada interpretación de la voluntad. Se cree que su esencia estriba en el impulso, cuando el secreto de esta radica principalmente en la sostenibilidad. Y ésta sostenibilidad se sostiene en la inspiración. Sí: inspiración, que no es un impulso, sino una razón que arde en el ser interior y que se apodera de las certezas. Ser capaz de reconocerla y permitirle regenerar todo nuestro sistema de creencias, de lo que te hablaré en el siguiente segmento, te permitirá alimentar tu fuerza de voluntad y contar con el equilibrio perfecto para mantenerte con la mira puesta en el objetivo.

Un sistema de creencias no alineado con el objetivo.

La voluntad, muchas veces, no es suficiente para llegar a la cima. Recuerda que la voluntad no es más que una fuerza invisible que nos lleva a la acción cuando así las circunstancias lo requieren. Pero, de nada sirve tener una gran fuerza de voluntad si nuestra programación mental alberga pensamientos limitantes y hábitos corrosivos que no aportan demasiado a la concreción de los objetivos. Quienes dan demasiada importancia a las "voces pesimistas", quienes viven una vida sedentaria (por dejar un ejemplo de hábito improductivo) no tiene oportunidad de alcanzar la prosperidad; en consecuencia, tendrán una fuerza de voluntad mermada a razón de "tantas complicaciones" que no son más que el resultado de sus malas prácticas.

Bajo autocontrol.

Otra de las razones por las que nuestra fuerza de voluntad se desmorona de un momento a otro es porque no tenemos el autocontrol necesario para enfrentar todas las adversidades inherentes a un proceso de búsqueda importante. Es importante aceptar que nada que valga la pena es sencillo. Comenzamos el día con altas reservas de energía y la mente clara en torno a la meta que queremos alcanzar. Tomar atajos, caminos rápidos, es una forma de trampa que muchos incluyen dentro de sus prácticas habituales. Esta trampa no es más que el resultado de un bajo autocontrol. Aunque creas que tu voluntad es inobjetable durante el día, esto no quiere decir que por la noche también lo sea. Ejercita el autocontrol; pruébate en escenarios complejos, y así evitarás que tu voluntad se vea desmejorada.

Objetivos poco realistas.

Tal como se abordó en el tercer capítulo, un objetivo debe ser cuantificable y realista. Cuantificable para que puedas monitorear cada uno de tus avances; realista para que las luchas encontradas en el camino no sean un arma de doble filo. Piénsalo por un momento: ¿existe algo más desmotivador y desmoralizante que hacernos conscientes de que nuestra meta es, quizá, demasiado compleja? Nadie que aspire llegar al cielo puede permitirse un golpe de estos. Esto implica reconocer la complejidad del objetivo cuando ya se han gastado recursos de diversos tipos. De allí la importancia de establecer objetivos concisos y, sobre todo, alcanzables.

Idolatrar la meta.

Muchas personas han escrito sus objetivos sobre mármol. Practican la visualización, sueñan despiertos con el día en que estarán en la cima de esa montaña alta que han decidido dominar. En cierto sentido, es válido tener la meta en alta estima. Mi recomendación es que te hagas consciente de que la meta, precisamente por maravillosa, supone una larga lista de dificultades. Un poco de realidad no le hace mal a nadie. Hazte consciente de que, para llegar a tu destino, has de atravesar algunas dunas. Así evitarás que la realidad te golpee cuando menos te lo esperes. Idolatrar la meta puede debilitar significativamente tu fuerza de voluntad.

Estrategias para ejercitar la fuerza de voluntad

No te preocupes por lo visto acerca de este músculo. ¡Te traigo excelentes noticias! La fuerza de voluntad, como todos los músculos del cuerpo humano, puede ser ejercitada en aras de mejorar nuestras condiciones actuales. Un preocupante porcentaje de las personas tienen la errada creencia de que la voluntad es una cuestión de genética; básicamente, creen que esta es hereditaria. ¿Esto quiere decir que mis hijos y los hijos de mis hijos se verán obligados a una personalidad pusilánime y carente de toda entereza? ¡No lo creo! Está claro que esta premisa no es más que un mito, y como tal, carece de fundamento científico. Ahora que se menciona, la psicología social e investigadores de otras ramas han llegado a la conclusión de que la fuerza de voluntad puede ejercitarse y desarrollarse.

Las estrategias que leerás a continuación son la conclusión de una extensa trayectoria de investigación teórica y empírica acerca del funcionamiento de la mente humana. De manera que, si algo puedo garantizarte, es que estas técnicas son van a ayudarte a construir una fuerza de voluntad inquebrantable. ¿De acuerdo? Vamos, entonces, con las 3 estrategias para ejercitar la fuerza de voluntad.

Fortalece tu manejo del estrés.

Sobra decir que la voluntad está relacionada con nuestra reacción ante situaciones que suponen una dificultad en distintos aspectos. Siguiendo esta premisa, uno de los ejercicios inmejorables para ejercitar tu fuerza de voluntad pasa por fortalecer tu manejo del estrés. Rétate: atrévete a posicionarte en un escenario incómodo, con grandes dosis de estrés y compromiso. En las primeras de cambio puede que todo resulte un verdadero desastre, pero conforme vayas practicando tu capacidad de respuesta se verá notablemente mejorada. Llegado un punto no sentirás más que una ligera presión que no tendrá mayor repercusión en tu toma de decisiones. Para ser sincero, esta estrategia es un verdadero desafío, pero nada más trascendental para mejorar tu manejo del estrés.

Practica la meditación.

Pequeñas dosis de meditación pueden ayudarte a reconectar contigo mismo (con ese todo que te constituye: anhelos, deseos, subjetividades, contradicciones, condicionamientos). No obstante, el valor de esta estrategia pasa más por aceptar que eres un ser humano capaz de orientar cada pequeña acción hacia tu objetivo vital. Diversos estudios han corroborado la estrecha relación entre la meditación y el fortalecimiento de la voluntad, la atención y el enfoque. De hecho, algunos investigadores han determinado que una rutina de meditación de tan solo 8 semanas puede dar resultados muy rápido. Adicionalmente, la meditación es una actividad milenaria que solo puede traerte cosas positivas. Incluso en términos de salud física, esta puede aportarte algunos resultados interesantes.

Utiliza tu mano menos hábil.

La idea de este ejercicio no es convertirte en un ambidextro en toda la extensión de la palabra. Nada de eso. Lo que se busca aquí es que te pruebes a ti mismo en una situación de estrés. Estamos tan acostumbrados a tener el control de las cosas que cuando nos cambian el paradigma, y tenemos que hacer un esfuerzo adicional, nos irritamos. Está claro, esto es cuestión de práctica. Puede que nunca llegues a escribir perfectamente con tu mano menos hábil, pero fortalecerás tu fuerza de voluntad y no dejarás de intentarlo. Si puedes obligarte a usar esta mano durante un corto intervalo de tiempo, estarás poniendo a prueba tu fuerza de voluntad con un ejercicio tan sencillo como divertido en muchos casos.

John C. Maxwell, de su libro Lo que marca la diferencia:

> ¿Cuándo fue la última vez que hiciste algo por primera vez? ¿Puedes nombrar algo específico? Tiene que ser algo realmente nuevo. Haber visto una nueva película no vale, porque anteriormente has visto una película. Necesita ser algo que verdaderamente se hizo por primera vez. Si no te puedes acordar, entonces quizás estés en problemas.

Ahora mismo, mientras lees este libro, un gran número de personas se encuentran atascadas en circunstancias específicas. ¿La razón? Se han dejado vencer. No quiero que seas uno de esos personajes que, por negarse al cambio, han aceptado una derrota sin siquiera hacer un mínimo esfuerzo. Lo que busco con este capítulo es ayudarte a entender cuán necesaria es la voluntad como herramienta de vida. Tú tienes capacidades y la mentalidad para alcanzar la prosperidad. Si no fuese así, no estarías leyendo estas palabras, interesado en mejorar tu vida. De manera que, si crees que tu voluntad a veces se debilita, entonces evalúate de acuerdo a las premisas mostradas anteriormente. Puedes fortalecer tu voluntad con ejercicios pequeños o grandes, que partan de la misma base: ponerte a prueba y salir airoso.

Capítulo 6
7 historias inspiradoras de personalidades exitosas

Ha quedado claro: la historia de la humanidad nos ofrece, con cada día, una nueva historia de inspiración para que creamos en nuestras capacidades. Historias que van de la mano con aspectos como la resiliencia, la motivación, la inspiración, el enfoque, la fuerza de voluntad, entre otros términos ya estudiados a lo largo de los capítulos anteriores. Este capítulo persigue un fin conciso y claro: enseñarte que el universo es abundante y próspero solo para quien se siente abundante y próspero. Las leyes del universo hablan de la ley de atracción; de que todo lo que anheles con el corazón será provisto por el universo a través de sus distintas formas. Esta premisa es incuestionable. Prueba de ello, muchos de los casos que te enseñaré a continuación.

¿Te has preguntado qué es lo que hace tan especial a esas personas que hoy por hoy dominan sus áreas de interés en el mundo entero? Steve Jobs, por ejemplo, quien fuese echado de su propia empresa, tuvo que sobreponerse a esta situación irregular para refundar sus propias ideas en otras empresas. Años después volvería a su empresa, a la monstruosa Apple, para posicionarla en la punta del iceberg del mundo tecnológico. Así como Steve Jobs fue despedido de su propia empresa, del mismo modo otras personas a quienes hoy consideramos referentes de éxito y abundancia, han tenido que enfrentarse a determinados escenarios que supusieron una prueba de mentalidad y actitud.

Este capítulo, en definitiva, busca conectarte con tu propósito desde pequeñas dosis de grandes biografías. Me refiero a hombres y mujeres, tanto del viejo continente como de Latinoamérica, que supieron vencer las adversidades más complejas que puedas imaginar y tomarlas como grandes catalizadores de sus búsquedas personales. En este sentido, las pequeñas biografías de estas 7 personalidades exitosas es mi forma de decirte que el mundo que está allá afuera es un mundo que quiere ser conquistado. Un mundo que, además, no permite que le conquiste cualquier hijo de vecino. Has de ser fuerte y amable contigo mismo; has de tener mente y actitud adecuadas; has de controlar las emociones que nos dominan en circunstancias desafortunadas. El universo solo se dejará conquistar por quien realmente lo anhele desde el corazón y ponga toda su fuerza de voluntad para llegar a la cima. El resto queda en el camino, y estoy seguro de que tú no eres de esos.

A continuación, 7 historias inspiradoras de personalidades exitosas que cambiarán tu forma de ver los problemas y las adversidades:

Mark Zuckerberg

Una de las figuras más importantes en la actualidad, este joven norteamericano que hoy ostenta el octavo puesto de la lista Forbes como uno de los hombres más ricos del planeta, es una de las muestras más representativas de una mentalidad millonaria que no se deja vencer por las adversidades inherentes al día a día. Mark Zuckerberg es uno de los visionarios referentes en la actualidad: su red social Facebook es, por mucho, la plataforma digital más utilizada a lo largo del planeta tierra. Este joven, hijo de profesionales de la clase media estadounidense, desde muy temprano se interesó por la programación y las computadoras. Este conjunto de habilidades le sirvió a Zuckerberg para crear su primer programa de transmisión de música siendo todavía un adolescente.

Más tarde terminaría vinculándose a la prestigiosa casa de estudios Harvard, donde su interés y prestigio como programador creció significativamente, hasta ser considerado el mejor del campus. ¿Quién no ha caído rendido ante las maravillas de la amigable plataforma de Facebook? Pues, mucho antes de que esta red social llevara para cambiar radicalmente el paradigma de las interacciones sociales, su creador se dedicaba a pequeños proyectos que no trascendieron en el tiempo pero que vinieron a sentar las bases para su primera gran creación. Aliado con dos amigos (Dustin Moskovitz y Chris Hughes), pronto lanzaron al mundo del internet su primera versión de Facebook, abierta únicamente para estudiantes de la universidad.

Ahora, ¿cómo fueron los inicios de esta monstruosa red social que hoy se encuentra en cada pequeño rincón del planeta? Como ya referí, el portal fue puesto al alcance de todos los estudiantes de la universidad. Con un diseño sencillo, esta primera edición (llamada thefacebook.com) era un pequeño directorio en el que otros miembros de la universidad generaban una especie de perfil personal con base en los datos básicos exigidos por la base de datos. Los estudiantes debían, por protocolo de seguridad, disponer de sus datos verdaderos y agregar una foto identificativa.

De este modo, la plataforma marcaba claras diferencias con redes como MySpace o Hi5.

Solo bastó una semana para que la mitad del campus estuviese registrada en thefacebook.com. Siguiendo este ritmo de crecimiento exponencial, al año, la página web ya contaba con un millón de usuarios registrados. Sus tres creadores y el amigo personal de Zuckerberg, Eduardo Saverin, quien dio el capital inicial, empezaron su franco ascenso a la cima. Algunos meses después, Zuckerberg y sus socios trasladaron la idea a California, donde continuaron trabajando en mejorar el sistema.

Ya para el año 2005, Facebook recibiría un aporte de 12.7 millones de dólares. Para garantizar el crecimiento, se abrieron a centros educativos y empezaron a recibir usuarios provenientes del extranjero. Dicho de otra manera: el camino al éxito estaba totalmente pavimentado. Ya en el 2008, Zuckerberg tenía un capital de 1.5 mil millones de dólares. Su producto, rompedor y evidente muestra de su portento intelectual, dominaba cada aspecto del relacionamiento social en las personas. Como dato adicional a la ya extensa lista de victorias, para el 2020 la cantidad de usuarios en esta red social se estima en 2.449 millones de usuarios activos por mes.

Oprah Winfrey

La gran presentadora estadounidense Oprah Winfrey tiene una de las historias de superación más poderosas de todos los referentes considerados en esta lista. Nacida en una pequeña granja del Mississippi, Oprah tuvo que enfrentarse a una familia abusiva y autoritaria. Pero, como ya se ha dicho anteriormente, lo que diferencia a un verdadero ganador del resto de individuos es su capacidad para sobreponerse a situaciones de gran estrés (resiliencia) para, a partir de allí, crear un camino de crecimiento exponencial sin precedentes. En este sentido, Oprah Winfrey es un claro ejemplo de superación en medio de situaciones trágicas como pocas. Sobre este punto, estarás preguntándote acerca de su vida, ¿qué tuvo que enfrentar esta carismática mujer para encabezar esta lista de historias inspiradoras?

¿Cómo empezar? Con apenas 9 años, esta cándida niña fue violada por un primo. En los siguientes años, la lista de abusos crecería significativamente, en este punto por distintos hombres allegados a su familia. Harta de tantos abusos, y con tan solo 14 años de edad, Oprah se mudó con su padre, de profesión barbero, en busca de un nuevo comienzo. La adolescente, desde un principio, destacó como una gran estudiante en la escuela, lo que la llevó varias veces a encabezar cuadros de honor por comportamiento y calificaciones en su pequeña Nashville High School. Posteriormente recibiría una beca de oratoria por parte de la Universidad estatal de Tennessee, donde terminaría obteniendo una licenciatura en habla y drama. Una vez dejada atrás la historia de su trágica infancia, Oprah empezaba a ver la luz al final del túnel. Una inequívoca demostración de resiliencia y determinación.

En 1976 Oprah obtuvo su primera oportunidad profesional, transmitiendo las noticias para un pequeño canal de Baltimore. Si bien es cierto que esta primera experiencia no fue del todo exitosa, sí puede decirse que representó un antes y un después en su carrera dentro del mundo de los espectáculos. La todavía joven Oprah tomó la decisión de renunciar a esta oportunidad tras darse cuenta de que transmitir noticias perturbadoras le impactaba negativamente. Incluso se cuenta en una de sus biografías no autorizadas que el punto determinante fue cuando explotó en llanto luego de transmitir una noticia devastadora.

El siguiente paso en su carrera fue firmar como presentadora en un pequeño programa local matutino. Tras 7 años de trabajo ininterrumpido, su show, titulado AM Chicago, pasó a llamarse The Oprah Winfrey Show. Este salto definitorio marcó su carrera de una vez y para siempre. Su locuacidad y carisma hicieron de Oprah un sinónimo de éxito y rating para los televidentes. El éxito de Oprah no fue un salto al vacío; todo lo contrario, se trató de un ascenso progresivo y constante, desde una pequeña granja en Kosciuko hasta la alfombra roja de diversos escenarios. Oprah, consciente de su talento, ha representado importantes papeles en el séptimo arte, ha destronado a renombradas figuras de la televisión norteamericana y, en definitiva, ha creado una marca propia que el tiempo no conseguirá borrar en las siguientes décadas.

Un claro ejemplo de resiliencia y mentalidad de éxito. Incluso cuando tuvo que enfrentarse a polémicas de distintos tipos, siempre consiguió la manera de salir ilesa para seguir demostrando al mundo su talento y sus dotes artísticas. Hoy por hoy, la presentadora norteamericana es un ejemplo para muchas mujeres que aspiran al éxito. No en vano, según la revista ABC, Oprah Winfrey ocupa el puesto 494 de la revista Forbes de las personalidades más ricas del planeta.

Walt Disney.

¿Quién no ha quedado prendado con sus superlativas caricaturas? ¿Qué niño no ha tenido la ilusión de visitar Disneylandia alguna vez en su vida? Nadie ha sabido crear un imperio tan imponente y poderoso como lo hizo Walt Disney con sus dibujos animados y sus incursiones en el mundo del cine. A estas alturas, ¿qué puede decirse sobre este señor y su imperio? Se han escrito decenas de biografías, autorizadas o no, sobre la vida del creador de clásicos como Blancanieves y los siete enanitos o Dumbo. De manera que poco puede decirse que no haya sido dicho antes incluso por voces más autorizadas. Lo que sí puede afirmar cualquiera es que Walt Disney ha probado ser una de las marcas personales más importantes de la historia de la humanidad.

Ahora bien, ¿te imaginas a un joven Walt Disney trabajando como chofer para una ambulancia de la Cruz Roja en alguna ciudad de Francia? O, ¿eres capaz de imaginar a Walt Disney en bancarrota? Estas son solo algunas pinceladas propias de este hombre, cuya vida no siempre fue color de rosa ni tan pintoresca como nos ha expuesto su imaginación a través de sus dibujos animados. Pero la verdad es que existe un pasado no tan sencillo en quien hoy ostenta uno de los nombres más importantes del mundo. A los dieciséis, Walt intentó enlistarse en el ejército, pero fue rechazado por su edad. No obstante, esto no detuvo al joven y vigoroso Walt, que entonces tomó el trabajo como conductor de ambulancia para la Cruz Roja en el extranjero. En Francia, donde trabajó por espacio de un año para luego regresar a su ciudad.

Al regresar, dándole continuidad a su pasión, comenzó

una pequeña empresa que llevaría por nombre Laugh-O-Grams. Uno de los primeros golpes vino en 1922, cuando su primera creación se fue a la bancarrota. Como ves, se puede salir de la bancarrota para erigir un imperio sin precedentes en la historia. Walt lo hizo. En primer lugar, porque nunca se rindió (testimonio de determinación y resiliencia), además de tener bien definidas sus metas y sus habilidades. Su primer éxito significativo llegó con sus "Comedias en Alice". Siguió trabajando incansablemente, indiferentemente de circunstancias difíciles o complejas. Así curtió sus habilidades al tiempo que interpretaba los acontecimientos del mundo a su alrededor. La vida recompensaría su determinación.

En 1932 recibió su primer premio de la Academia por el dibujo animado Flowers and trees, siendo además el primer dibujo animado a color en la historia. Su crecimiento, a partir de este momento, se tornó irrefutable e irreversible. Para 1937, la primera película musical de larga duración: Blancanieves y los siete enanitos. Esta película rompió todos los paradigmas existentes a la fecha. En la actualidad se le sigue considerando como uno de los clásicos más importantes en la historia del cine. En medio de la depresión norteamericana, esta película logró recaudar 8 millones de dólares nada más en su estreno. Luego vinieron otras películas tan maravillosas como, Pinocho y Dumbo. Pero nada podía detener al Walt Disney maduro y consciente de sus habilidades. Pronto le daría forma a Disneylandia, el parque de diversiones más emblemático del mundo. Y así, sin preguntarse demasiado sobre lo que ocurría a su alrededor, el jovencito que siendo menor de edad manejaba una ambulancia en el extranjero se convirtió en el rey de un imperio de entretenimiento que cautiva cada día a miles de niños de edad y de alma en el mundo.

Jeff Bezos

Periódicamente, la revista Forbes publica el listado de las personas más abundantes en términos financieros en la humanidad. Jeff Bezos ha encabezado esta lista en los últimos años. Pero, ¿quién es Jeff Bezos y por qué ha sido tan difícil bajarlo de la cima del mundo de los multimillonarios? La respuesta a esta pregunta viene dada con otra pregunta: ¿quién no ha adquirido algún producto a través de la plataforma Amazon? Este norteamericano es el fundador de la empresa Amazon, el monstruo corporativo más grande de los existentes a la fecha. Para entender las dimensiones de su imperio, basta compararlo con otras grandes corporaciones como Google, Apple o IBM.

Nacido en Albuquerque, nuevo México, Jeff Bezos es hijo de padres divorciados. Con el tiempo, tomaría el apellido de su padrastro, un inmigrante cubano que se desempeñó por muchos años como ingeniero para distintas empresas, entre ellas la multinacional Exxon. Siguiendo una larga estela tradicional, Jeff empezó su experiencia laboral desempeñándose como cocinero para la cadena McDonald's. Para el año 1986 obtuvo una licenciatura en ingeniería eléctrica y ciencias de computación en la Universidad de Princeton, graduándose con el mérito Summa cum laude. A diferencia de otros grandes empresarios, Bezos tuvo un crecimiento progresivo en el ámbito laboral, llegando a ostentar cargos tan importantes como vicepresidente Senior. En este caso, para la empresa De Shaw.

No fue sino hasta 1993 que Bezos abandonó su trabajo y fundó su primera empresa, llamada Cadabra. Fueron sus padres quienes le facilitaron el capital inicial para echar a andar su marca personal, ese primer proyecto. La idea original de Bezos era construir una empresa que funcionara como librería digital. Su visión iba mucho más allá; en alguna entrevista dejó claro que tenía claro que el negocio del comercio electrónico era una llave al éxito, una garantía de prosperidad empresarial. Y hacia allá apuntó todos sus esfuerzos siguientes. En 1998 la empresa sufrió un ligero cambio en su enfoque: Bezos se abrió al mundo de la venta en línea de música y video. En última instancia, incorporó la comercialización de todo tipo de productos dentro de su visión empresarial. Estas serían las bases sobre las que Bezos erigiría su insoslayable imperio que hoy día le tiene en la cima de la lista Forbes año tras año.

La estrategia definitiva fue comprar masivamente todos los pequeños negocios que, de alguna u otra manera, pudieran representar algún tipo de amenaza. De esta manera, consolidaba un impresionante músculo comercial. Pero a los grandes líderes no solo les caracteriza su visión y mentalidad millonaria, también su capacidad de aguante, su resiliencia. En el 2003, Amazon tuvo que prescindir del 14% de sus empleados tras varios meses de pérdidas sostenidas. Esta decisión significó un repunte significativo en la vida de la empresa, que ese mismo año acumuló 400 millones de dólares en ganancias. 10 años después de aquel desastroso año, y tras firmar un cuantioso contrato con la CIA por 600 millones de dólares, Amazon empezó a crecer monstruosamente hasta convertirse en lo que es hoy.

En la actualidad, la fortuna estimada de Bezos es por

mucho la más importante del mundo. No hace falta sacar demasiadas cuentas para entender que alguien que tiene más dinero y éxito que Google o McDonald's ha sabido hacer las cosas correctamente, alineando mentalidad y actitud en un mismo objetivo.

Andrés Moreno

Latinoamérica también cuenta con cientos de casos de éxito que creo pertinente valorar y referir en este segmento. Tal es el caso de Andrés Moreno, un joven venezolano que irrumpió radicalmente en el mundo del emprendimiento digital a través de una agresiva y muy efectiva estrategia de posicionamiento de marca. Es probable que su nombre no te resulte tan familiar como los referentes mencionados anteriormente. No obstante, te garantizo que muchas veces habrás sucumbido a la frescura de sus campañas publicitarias, que han quedado arraigadas en la mente del colectivo. Pero, ya no daré más vueltas al asunto, estoy hablando del creador de Open English.

Andrés Moreno es oriundo de Caracas, Venezuela. Gracias a las responsabilidades profesionales de su padre, Andrés vivió durante mucho tiempo en países tan diversos como Perú, Estados Unidos e incluso Eslovenia. Sobra decir que esta experiencia le llevó a dominar ampliamente la lengua universal: el inglés. Todo quien tenga acceso a un televisor ha tropezado con alguna de sus peculiares y graciosas campañas publicitarias. Si bien es cierto que esta estrategia ha arrojado cuantiosos resultados para la compañía, el éxito de Open English estriba en las soluciones ofrecidas: profesores nativos, disponibles 24 horas al día, a través de una plataforma digital. Esta idea de negocio, aunque pueda parecer sencilla, fue rompedora al momento de instalarse en el mercado. El factor sorpresa, la visión de Andrés y su determinación fueron los factores neurálgicos en la obtención de tan buenos resultados.

Andrés Moreno, antes de desarrollar su emprendimiento estrella, tuvo algunos intentos no tan fructíferos. Optimal, su empresa anterior, también orientada a la enseñanza del idioma inglés (pero dirigido únicamente a corporaciones) con una variable: importaban el talento que se encargaría de enseñar el idioma a sus clientes. Fue en 2005 cuando Andrés estableció alianza con Wilmer Sarmiento, uno de sus mejores amigos de la Universidad Simón Bolívar, una de las casas de estudio más prestigiosas de Venezuela. Las habilidades de Wilmer como programador fueron determinantes para la creación del concepto que más tarde llegaría a cada uno de nuestros televisores.

Luego de un comienzo bastante difícil, en el que una decena de programadores trabajaban en un pequeño apartamento de la capital venezolana, y con la ayuda financiera de business angels y de otras empresas de inversión, Open English vería la luz. El concepto fue, desde luego, innovador. La idea de un programa de aprendizaje a tiempo completo, con profesores nativos y a través de plataformas digitales, supuso un cambio radical y significativo en los viejos y tradicionales esquemas de enseñanza de los idiomas modernos. El factor diferenciador pasa por la flexibilidad de horarios, lo que permite que las familias adapten sus diversas responsabilidades para dedicar tiempo de calidad a la formación en el idioma.

A la fecha, Open English ha acumulado poco más de

120 millones de dólares de inversión de capital. Su crecimiento le ha provisto de algunos de los premios corporativos más importantes, entre ellos destacan:

- Premio internacional de E-Learning, división Académica.
- Premio LINGO como la mejor escuela online.
- Premio David Riley por la innovación en el inglés de negocios.

Simón Borrero

Uno de los emprendimientos más innovadores de los últimos años en Latinoamérica provino de un joven colombiano, oriundo de la ciudad de Cali. Su nombre: Simón Borrero. Se trata de una de las Startup (empresa en crecimiento, asociada a la tecnología) más importantes de habla hispana en los países latinoamericanos. Me refiero a Rappi. Todos hemos sentido alguna vez la necesidad de hacer un pedido (sin importar de qué se trate) para recibirlo desde la comodidad de nuestros hogares. Esta es la idea medular de este emprendimiento, que lidera los negocios de servicios a domicilio desde su creación, a inicios del año 2013. Si algo caracteriza a Simón Borrero es su visión de negocio que no va contra su juventud.

Su primera idea de negocios fue desarrollada y arrojada al mercado bajo el nombre de Grability. Esta, en sociedad con Sebastián Mejía, tuvo una premisa sencilla pero rompedora para en distintos sentidos: se trató de una empresa que ofrecía soluciones de tienda móvil. Como se puede ver, la base de su visión de negocios pasa por el debido aprovechamiento de los canales que hoy día ofrecen las plataformas tecnológicas. El comercio electrónico, que en muchos lugares del mundo ha empezado a formar parte de las nuevas soluciones en términos de negocios, fue desarrollado por Simón Borrero en su natal Colombia. Los resultados no sería esperar demasiado.

Ahora, ¿qué es Rappi y por qué su fundador tiene merecida su mención en este segmento de historias inspiradoras? Simón Borrero, de profesión administrador, ha sabido llevar a buen puerto una idea de negocios que va mucho más allá de la entrega de domicilios. Se trata de enlazar nuevas tecnologías con las necesidades puntuales de un mercado cada vez más cambiante. Se sabe que la dinámica del mundo empresarial puede llegar a ser tan fuerte que, para muchos, resulta prácticamente imposible salir a hacer las compras de siempre como en otrora. Por otro lado, existen muchas personas que por diversas razones no manejan la opción de salir a comprar determinado producto. En muchos casos, por discapacidades físicas, por desconocimiento o simplemente porque el ritmo de trabajo no lo permite. Sea cual fuere el caso, Rappi surge como una solución práctica y sencilla, en vista de que los usuarios pueden pedir todo tipo de domicilios a través de una aplicación móvil que se caracteriza por una interfaz gráfica amigable y funcional.

Adicionalmente, Simón Borrero supo interpretar las necesidades de su vasta cartera en términos de pago. El resultado: Rappi es una de las primeras empresas de este tipo que incluyó el pago en efectivo para finiquitar transacciones o domicilios, facilitando así el proceso para aquellas personas que por distintas razones no disponen de tarjetas de crédito. Puede decirse que el éxito de Rappi radica en el perfecto manejo de las posibilidades tecnológicas en aras de una idea de negocio innovadora y que apunta a cualquier estrato de la sociedad. De allí el éxito que ha significado Rappi como uno de los startup más rentables de la nueva ola. Hoy día, esta empresa cuenta con más de 160 inversionistas, lo que supone un espaldarazo a la impecable gestión de sus fundadores, que vieron la oportunidad y tomaron acciones precisas para alcanzar la cima. Sin duda, un caso de éxito que vale la pena reseñar.

Roberto Gamboa

La naturaleza cambiante del mundo (en todas sus perspectivas posibles) nos ha llevado a poner en práctica nuestra adaptabilidad en todos los aspectos, incluso en aquellos que antes no creíamos tan importantes. Esta es una premisa aplicable en cada uno de los ámbitos que componen nuestra vida. Somos capaces de cambiar para ser mejores en lo que hacemos. Pero no solo somos capaces de… ¡tenemos la responsabilidad de hacerlo! O nos adaptamos o desaparecemos, esta es la cruda verdad. Ahora, si hablamos del mundo de los negocios, esta es una realidad mucho más violenta. La llegada de nuevas tecnologías ha supuesto un significativo cambio del paradigma tradicional. Las personas consumen incluso más que antes, aunque sin mover un solo dedo. Este pequeño ejemplo ilustra la naturaleza violentamente fluctuante del mundo.

Si entendemos que las grandes empresas empiezan a generar éxito desde su presencia en la red, entonces, ¿cuál es el siguiente paso para que tu negocio crezca? Exacto: estar presente. Puede que no te haya llevado demasiado tiempo responder a la pregunta anterior, pero hubo alguien que la respondió mucho antes que nosotros, cuando las cosas no estaban del todo claras en el ámbito empresarial. Se trata de Roberto Gamboa. Este joven empresario es lo que muchas veces se llama un "héroe". Héroe porque ha salvado de la invisibilidad a miles de negocios que empezaban a dar tumbos por desconocer el potencial existente en internet. En alguna entrevista, Gamboa dijo "Cualquier persona que tenga un negocio y necesite clientes, lo puede lograr, utilizando para ello el mercado más grande de la historia: las redes sociales". En la actualidad, parece obvio, pero hace años no lo era. Lo que hace de Gamboa un visionario absoluto es su capacidad de entender las nuevas interacciones entre el consumidor y quien ofrece el servicio o producto. De allí surge la idea de su Instituto del tráfico online (ITO), que enseña a sus alumnos a la compleja y transformadora práctica del trafficker digital.

Te estarás preguntando acerca de su significado. Un trafficker digital no es más que una persona que gestiona la presencia de una o varias empresas en la red, en internet. Esto implica la gestión de publicidad, de contenido en redes e incluso la venta. Se podría decir, siguiendo esta definición, que un trafficker es una versión más avanzada de un community manager porque va más allá, metiéndose en senderos comerciales. Se dice que esta figura se encarga, en principio, de: a) planificación b) implementación c) medición d) optimización. En otras palabras: es el gerente definitivo de lo digital. Y, entendiendo que el grueso de los consumidores yace en las redes sociales, la visión de Roberto Gamboa parece tocar lo absoluto en términos de optimización de negocios.

Su dominio de estrategia y datos hacen de este joven español una inminencia en todo lo relacionado a la atracción, gestión y optimización de clientes en el mundo del internet. El futuro está en las manos de quien hoy se atreva a adentrarse en el mundo del trafficker. Para ello, el instituto del tráfico online es una gran oportunidad.

Parte II: Acciones prácticas para generar ingresos

Capítulo 7
Ahorro e inversión

La segunda parte de este proyecto tiene como finalidad ofrecerte un mapa bastante detallado de cuáles son tus opciones para generar dinero. Está claro que todas las personas tienen capacidades para atraer la abundancia a su vida a través de distintos métodos. Muchos buscan la explotación asalariada de determinada habilidad; otros han optado por arrojarse sin miedo al mundo del emprendimiento. Sea cual fuere tu caso, el dinero sigue y seguirá siendo la necesidad primaria mientras los relojes continúen avanzando en el mismo sentido. Al generar riqueza, es imprescindible entender cuáles son nuestras opciones. Así mismo, las diferencias conceptuales entre estas.

Este capítulo fue concebido con el objetivo de esclarecer todas las dudas relacionadas en torno al ahorro e inversión como una de las principales fuentes para generar ingresos. El dinero debe funcionar como un río, su constante movimiento traerá nuevas corrientes. Está claro que toda persona que tenga como propósito generar dinero, atraer abundancia y prosperidad económica a su vida deberá tener en cuenta todas las opciones lógicas para hacerlo. De manera que, entendiendo la necesidad del lector por mejorar su situación financiera, he decidido agregar algunos segmentos asociados al ahorro e inversión como método infalible para la constante generación de ingresos.

Este capítulo, además de remarcar ciertos conceptos universales en torno al manejo del dinero, te ofrecerá algunas técnicas de ahorro que podrás aplicar en tu vida diaria. Todos queremos generar riquezas, ¿quién se opone a la abundancia? Al margen de los gustos personales de cada quien, el dinero es un anhelo universal. Independientemente de lo que te dediques, del tipo de crianza que hayas recibido, de tu ideología e incluso de tu condición espiritual. Ahora bien, partiendo de este hecho, ¿tienes alguna idea de cómo generar esa tan deseada prosperidad? La buena noticia es que la información contenida en este capítulo aclarará muchas de esas dudas que hoy albergas en relación al dinero y a la posibilidad de multiplicarlo.

Otro de los puntos analizados en este capítulo es la conveniencia del ahorro. ¿Es realmente conveniente? ¿Debe hacerse de forma escalonada, personalizada? Yo también estuve en esa situación hace algún tiempo. Me invadían las preguntas mientras mi mente no paraba de repetir que quería ser próspero, generar dinero. Una de las respuestas que encontré fue la inversión en activos financieros, y este tópico será aclarado a continuación. Fondos mutuos, fondos de inversión, certificados financieros, bolsa de valores. Para quien no esté del todo familiarizado con estos conceptos, puede resultar difícil seguir el ritmo. Pero no te pongas límites. Recuerda lo que ya te enseñé acerca de la plasticidad de tu cerebro: puedes reprogramarlo en el sentido que quieras. Para dominar cualquier tema, basta con quererlo, con formarte, con apasionarte.

Pasión, esto es lo que te propongo como guía en las próximas páginas. Aprende todo cuanto puedas; para ello te ofrezco mi experiencia y conocimiento. Aprende, analiza tu situación actual, toma apuntes, toma decisiones. El dinero está allá afuera esperando por ti. Tengo la certeza de que, si has llegado hasta aquí, es para convertirte en un ganador. Tienes la mentalidad de riqueza necesaria,

106

ahora solo debes tomar acciones concretas para que esa riqueza salga del mundo abstracto y se traslade a lo material, a tus manos, a tus cuentas bancarias, a tu billetera.

Técnicas de ahorro

Existen muchas definiciones que buscan explicar el efecto del ahorro en la estabilidad financiera de las personas. Diversos especialistas en eficiencia financiera han establecido diversas técnicas para controlar el flujo de dinero que tenemos, dándole un sentido multiplicador a nuestros recursos. Creo imprescindible desarrollar el hábito del ahorro como clave para la generación de ingresos. Sin embargo, más allá de toda la literatura existente sobre el tema, se puede resumir en que el ahorro pasa por gastar menos dinero del que se gana, depositando el resto en un lugar en el que dicho dinero genere una utilidad sin que esto implique una acción "activa" por parte del beneficiario.

Lo ideal es que este enfoque forme parte nuestras conductas financieras habituales. Pero, por condicionamientos o malas prácticas, son pocas las personas que han adoptado la cultura del ahorro en su forma de vida. La buena noticia, como se ha dicho anteriormente, es que tenemos la capacidad de reprogramar nuestros patrones mentales para incluir mejores hábitos; comportamientos que estén alineados con nuestro propósito de alcanzar prosperidad y abundancia en términos económicos. En otras palabras: ahorrar dinero es una parte importante de alcanzar la plenitud financiera en tiempos donde las gratificaciones instantáneas amenazan con dejar nuestras cuentas y balances en rojo.

Ahorrar es como pavimentar el camino a la cima. Para muchos, el ahorro es una obligación en términos de precaución. Se preparan, a través de este, para eventos fortuitos que pudieran representar un golpe significativo en su calidad de vida. Por ejemplo, hay quienes ahorran pensando en tener un margen económico de acción para enfrentar alguna emergencia de salud; otros, los que se mueven desde una visión de negocios, lo hacen mientras esperan una oportunidad de oro para invertir y desarrollar algún emprendimiento añorado. Sea cual fuere tu situación, el ahorro siempre es una estrategia positiva para el manejo de nuestros recursos económicos.

A continuación, te enseñaré las 5 técnicas más efectivas para ahorrar dinero y prepararte para un futuro lleno de abundancia y prosperidad. Te puedo garantizar que, de seguir alguno de estos métodos, terminarás creando el hábito del ahorro primeramente en tu cerebro y luego en tus prácticas diarias.

Paga tus deudas.
Una de las razones por las que a tantas personas les cuesta tanto ahorrar es porque se encuentran sumergidos en un considerable esquema de deudas. Antes de tomar cualquier acción relacionada a mejorar tus hábitos de ahorro, evalúa tu situación actual. ¿Tienes alguna cuenta pendiente con algún proveedor o entidad financiera? Entonces establece un pequeño plan de acción para salir de esta deuda en primer lugar. No necesariamente debes pagarla toda, pero sí es importante que te mentalices para hacerlo. Una vez que hayas salido de todas tus deudas, la totalidad del dinero que devengues podrá ser manejado con mayor facilidad. Es menester que priorices tus deu-

das incluso antes de cualquier método de ahorro. Cuando tu situación con la deuda haya sido solventada, tendrás margen de acción para mejorar tu situación financiera.

Elimina gastos innecesarios.

Sí, es muy difícil tomar este método cuando la dinámica del capitalismo nos lleva a consumir más y más cada día. En este sentido, es imprescindible que hagas un sencillo ejercicio de autoconocimiento para determinar cuáles de esos gastos diarios que están socavando tus cuentas son realmente necesarios. Muchas veces gastamos una cantidad significativa en vicios personales o gratificaciones inmediatas que no aportan absolutamente nada a nuestro equilibrio financiero. En este sentido, evalúa tu situación actual. ¿Estás gastando demasiado en cigarrillos? ¿En alcohol? ¿En recreación? Este es el momento para retomar el control de tu situación financiera y eliminar todos aquellos gastos que no repercutan positivamente en tu vida. De esta manera, no solo depuras tus hábitos de consumo, sino que te permitirás idear un plan de ahorro consecuente con tus objetivos.

Ahorra un pequeño porcentaje de tus ingresos.

Muchos expertos sugieren que la estrategia de ahorro más resonada y eficiente tiene que ver con ahorrar un pequeño porcentaje de tus ingresos. Independientemente de cuál sea el esquema que utilices, procura que este hábito se establezca lo suficiente como para que te sientas cómodo haciéndolo. Por ejemplo, hay personas que han optado por un esquema no tan agresivo, que incluso el 3 o 5% de sus ingresos diarios. Por otro lado, hay quienes prefieren estandarizar el porcentaje de ahorro, llevándolo a la totalidad de sus ingresos mensuales. La recomendación, en este sentido, es que se establezca un porcentaje similar al 10% de tus ingresos. De esta manera obtendrás grandes resultados en cuanto a acumulación de capital, dinero que posteriormente podrás reutilizar en alguna inversión segura o en casos de emergencia.

Ahorra un monto fijo.

A diferencia del método anterior, que basa la cantidad de ahorro de acuerdo a los ingresos generados, aquí se propone el ahorro de un monto fijo, preferiblemente en dólares americanos. Esta técnica ha sido reconocida por su eficiencia y valor en distintos aspectos. Lo que hace de este método uno de los preferidos entre quienes han desarrollado buenos hábitos financieros es que puede automatizarse fácilmente. Está claro que quien opte por esta técnica, tendrá que evaluar sus condiciones económicas para establecer una cifra cónsona y coherente consigo mismo. No sirve de nada fijar un monto de ahorro invariable si la persona tiene un promedio de ingresos bajo o no diversificado. En todo caso, es una herramienta muy importante para quienes aspiren generar dinero extra en corto o mediano plazo a través del capital ahorrado.

Permítete pedir ayuda si lo consideras necesario.

No tengas miedo. Cuando se habla de dinero, todas las precauciones son válidas y necesarias. Si no te consideras un experto en el manejo de tus recursos económicos, puedes optar por un servicio de asesoría que te ayude a poner los puntos sobre las íes para un mejor manejo del dinero. Existen muchas agencias y profesionales dedicados a ofrecer ayuda a las personas que quieren empezar una dinámica de ahorros consciente y funcional. De manera que, como recomendación, no te cohíbas de pedir ayuda si lo consideras necesario. Estos servicios no son solo para los peces gordos; cualquiera que tenga la necesidad de ahorrar, y no sepa cómo, debe contar con un especialista que le oriente adecuadamente sobre qué pasos dar. Yo lo hice, me decidí a buscar la ayuda de un especialista y así he logrado avanzar hacia mis objetivos financieros. Si me aceptas una recomendación, te propongo ponerte en contacto con mi amigo y coach financiero Alejandro Ortiz, de alejortiz.com

¿Es realmente conveniente el ahorro?

Existen muchas respuestas a esta pregunta, y en cada una de ellas surge un rotundo sí. La verdad es que el hábito de ahorro es una herramienta muy valiosa para todas esas personas que saben actuar desde la previsión. Sí, en efecto, todo tiene que ver con previsión. Si bien es cierto que a muchas personas no les gusta mucho planificar tan a largo plazo, es importante tomar acciones de precaución; sobre todo en estos momentos en que las grandes depresiones económicas parecen estar siempre a la orden del día. En cohesión con lo expresado por un centenar de expertos en el manejo de las finanzas personales, creo que ahorrar es realmente conveniente en distintos aspectos, muchos de los cuales serán abordados más adelante para reforzar esta idea del hábito del ahorro como un hábito de equilibrio y generación de dinero.

Ahorrar no solo tiene que ver con la posibilidad de disponer de un "colchón financiero" para eventuales circunstancias; también implica el desarrollo de uno de esos hábitos tan oportunamente referidos a lo largo de este libro: la disciplina. En la medida en que ejercitemos la disciplina y la fuerza de voluntad, perfeccionamos músculos que son claramente necesarios en el proceso de alcanzar la cima. Todo individuo que tenga un propósito de vida claro, independientemente de cuál sea, requerirá altas dosis de disciplina y fuerza de voluntad. Sin estas cualidades, toda habilidad o conocimiento será en vano. Esto, claro, debido a que la vida por sí misma tiene una naturaleza fluctuante que muchas veces nos enfrenta a situaciones o escenarios difíciles. La disciplina es lo que diferencia a un ganador de un jugador promedio.

Si todavía tienes dudas acerca de la importancia del ahorro en tu vida, a continuación te daré 5 de las razones más trascendentales que explican y justifican la necesidad de desarrollar el hábito del ahorro en nuestras prácticas habituales. ¿Estás preparado?

Un colchón de emergencia.

Todos estamos expuestos a situaciones de emergencia. Ahora bien, piensa en lo siguiente: imagina por un instante que has dedicado toda tu vida a gastar el dinero conforme lo recibes. Nunca te han interesado el tema del ahorro y su trascendencia, y así te ha ido bastante bien. Perfecto. No está entre mis planes juzgar tus decisiones, pero, ¿qué crees que ocurriría si llegase alguna emergencia, algún evento inesperado? Independientemente de cuánto dinero generes con tu actividad comercial o laboral, los golpes del destino siempre dejan marcas importantes. Una gruesa factura médica, ayudar a un amigo en la bancarrota de su empresa, algún desastre natural. Todas estas cosas pueden pasar. Lo ideal es estar preparados para que sus efectos no sean tan desastrosos en nuestras vidas. De allí la importancia del ahorro para tener siempre un colchón en caso de emergencia.

Para una mejor educación.

Si eres padre, estoy seguro de que una de tus prioridades es ofrecer a tus hijos la mejor educación que te sea posible. En primer lugar, porque quieres que sean profesionales óptimos y capaces de diferenciarse del resto en un mercado profesional donde predomina la competitividad. En segundo lugar, porque te interesa el bienestar de tus seres queridos y nadie puede juzgarte por ello. Y en último lugar, porque en el fondo sabes que una buena educación es el mejor plan de inversión que puede haber. No solo porque garantizas que tus seres queridos se formen en las mejores escuelas y universidades, sino porque tienes la certeza de dicha formación dará resultados increíbles en la vida profesional de tus hijos. La mejor educación posible es una de las razones por las que ahorrar vale la pena.

Para una vejez tranquila.

Personalmente, no me interesa mucho la idea del retiro, pero esta es mi opinión personal. Si eres de los que se visualiza en un hogar tranquilo, con todas las comodidades necesarias y una estabilidad económica cónsona con tu estilo de vida, entonces la idea del ahorro es fundamental para ti. Quienes se adecúan al ahorro como hábito de vida, pensando en una vejez tranquila y en paz, están conscientes de que el éxito del ahorro traerá un resultado increíble en el largo plazo. Muchos países tienen esta cultura del "ahorrar para el retiro", y no está mal. De manera que el ahorro es una excelente razón para ahorrar. Nada como pensar en ti mismo y en tu tranquilidad.

Para la adquisición de nuevos inmuebles.
Otra de las razones por las que el ahorro es fundamental es para la adquisición de nuevos inmuebles. Toda aquella persona que tenga un cierto sentido del crecimiento, aspira a mejorar sus condiciones de vida en todos los aspectos posibles. Esto incluye, por supuesto, la compra de inmuebles o de una nueva casa. ¿Por qué ahorrar es una gran estrategia en este sentido? Porque conforme aportes un porcentaje más alto al pago inicial de una casa, mejores son las tasas de interés y las condiciones inherentes al préstamo hipotecario. Además, puedes reducir la cantidad de dinero que recibirás por parte de la entidad financiera. En la medida en que hayas conseguido ahorrar más dinero, necesitarás que se te preste una cifra menor.

Para generar más dinero.
Una de las principales razones por las que es realmente conveniente ahorrar, es porque te permitirá generar más dinero. Si tenemos en cuenta la finalidad de este libro (mejorar tus condiciones, crear abundancia y prosperidad), sobra decir que el ahorro ha de ser una de las estrategias a aplicar. Cuando ahorramos, nos preparamos para el futuro. Existen, claro, enfoques al respecto: del mismo modo que hay quien guarda dinero para el retiro o para enfrentar alguna eventualidad médica, también los hay quienes solo se preparan para atajar una de esas oportunidades de emprendimiento que están a diario frente a nuestras narices.

Ahorrar no solo te será de gran ayuda de acuerdo a las 4

razones previamente referidas, sino que te dará un mayor margen de acción para invertir ese dinero en proyectos e ideas que, a su vez, te garanticen un retorno importante. Algunos de estos planes de inversión serán mencionados a continuación.

Inversión de activos financieros

Los activos financieros se refieren básicamente a las inversiones en actividades bursátiles.

Tener presente la posibilidad de hacer inversiones inteligentes es la clave para generar dinero, prosperidad y abundancia. En la actualidad, una de las opciones más viables y efectivas para generar ingresos es a través de la inversión de activos financieros. Esta modalidad, que ha ganado especial fama en los últimos años, se ha posicionado como una de las alternativas más atractivas para quienes busquen diversificar sus ingresos a través de su adquisición. Ahora, ¿te has preguntado alguna vez qué significa la expresión activo financiero? A diferencia de los activos tangibles (entiéndase inmuebles, casas, vehículos, propiedades palpables), los activos financieros son instrumentos financieros que permiten a un comprador (tú) el derecho a percibir ingresos por parte del vendedor. En palabras más sencillas, se trata de un derecho sobre los activos del emisor y sobre el dinero que este genere.

La principal diferencia entre un activo financiero y un activo tangible es que en el primero existe una contraparte contractual. Este tipo de instrumentos financieros genera un activo para una de las partes y un pasivo para la otra, cuestión que no se ve en la compra de un terreno o de un vehículo, por citar dos ejemplos comunes. Debido a que los activos financieros consiguen su valor de un derecho contractual, las entidades o comercios que tengan una deuda pueden seguir financiándose al tiempo que aquellos que quieren invertir encuentran una rentabilidad al invertir en esta deuda.

En este sentido, creo conveniente informarte acerca de las 3 principales características de un activo financiero.

• Liquidez: se trata de la capacidad de transformar un activo en dinero contante y sonante sin que esto implica la posibilidad de sufrir pérdidas.

• Rentabilidad: Adquirir un activo financiero supone un riesgo para la persona que está cediendo su dinero. Para paliar este riesgo, el comprador del activo adquiere un interés sobre el activo comprado. Esto quiere decir que cuanto más elevado, mayor será su rentabilidad desde el interés.

• Riesgo: el riesgo de este proceso va determinado por las garantías ofrecidas por el vendedor. En este sentido, la rentabilidad del activo será menor conforme existe una mayor probabilidad de que el vendedor cumpla con su compromiso.

Si estás pensando en invertir capital para obtener ganancias líquidas que te ayuden a dar pasos importantes en tu camino a la prosperidad, es importante que consideres todas las opciones posibles. El mundo de los activos financieros es una alternativa muy válida en distintos ámbitos. Muchas personas han encontrado en estos instrumentos un amplio mundo de posibilidades en términos de inversión y retorno del capital invertido. De allí la importancia de reconocer cuáles son los principales tipos de activos financieros que existen hoy día y sus características conceptuales. Si quieres conocer más sobre esta alternativa de inversión, te invito a que continúes leyendo. A continuación haré referencia a los 5 tipos de activos financieros más comunes y rentables en la actualidad.

Fondos mutuos

Los fondos mutuos funcionan como pequeños vehículos de inversión. En esencia, la dinámica pasa por agrupar el dinero de una serie de inversores para aumentar significativamente el poder adquisitivo de cada uno y diversificar las tenencias. Una de las principales ventajas de este método es que permite a los accionistas agregar una cantidad significativa de valores a su cartera por un precio mucho menor. En definitiva, un fondo mutuo no es más que un patrimonio constituido por la suma de valores aportados por empresas o personas de forma voluntaria. Para una mayor comprensión, estas son las principales ventajas de invertir en un fondo mutuo:

• Es simple: para un inversionista promedio, reunir una cartera de acciones y bonos puede resultar una tarea mucho más que desafiante. Por ejemplo, a muchas personas les puede costar reunir toda la información relacionada a investigación y análisis de los elementos que componen un proceso de inversión tradicional. Sin embargo, cuando se trata de un fondo mutuo el inversor puede iniciar su carrera con un solo fondo mutuo. Antes, el inversor deberá identificar cuánto riesgo quiere tomar y cuál será el objetivo de su inversión. Una vez que estos elementos estén aclarados, podrá escoger el mejor fondo mutuo de acuerdo a sus necesidades puntuales.

• Asesoría profesional: a diferencia de otras fuentes de inversión, cuando alguien pone su capital en un fondo mutuo se entrega a la asesoría de profesionales especializados en este tipo de métodos. En definitiva, el inversor no tendrá que arremangarse las mangas con tareas como: investigación, análisis compra y venta de acciones. Está claro que muchos de nosotros no tenemos el tiempo necesario para llevar a cabo todos los menesteres inherentes a este tipo de inversión. Esto queda bajo la responsabilidad del administrador del fondo mutuo. Cuando los miembros compran acciones de un fondo mutuo, básicamente están reuniendo dinero en un mismo lugar.

• La diversificación: La naturaleza de estas inversiones agrupadas representa la posibilidad de que todos los participantes apliquen una de las más valiosas recomendaciones en términos de salud financiera: la diversificación. Esto significa disminuir el riesgo de pérdida al expandir su capital en distintas unidades de negocio, no necesariamente interrelacionadas entre sí. De esta manera, se difunde el riesgo al mantener una cantidad de valores diferentes. Uno o dos fondos mutuos podrían bastar para diversificar el capital del fondo, diluyendo así las posibilidades de pérdida en los distintos mercados. Es esencial entender este beneficio. Todos los especialistas financieros mantienen el consenso de que dirigir el capital a una sola unidad de negocio puede resultar demasiado riesgoso. Por ejemplo, si el inversor compra un fondo mutuo que posee 200 acciones, y algunas de estas acciones disminuyen, el peso de la pérdida es significativamente menor por el resto de acciones en juego.

Bolsa de valores

Para muchos, la frase "bolsa de valores" implica una serie de abstracciones complejas y poco atractivas. Es común escuchar a alguien decir que las personas que invierten en la bolsa de valores son especialistas, genios matemáticos que han conseguido descubrir el algoritmo que explica la puesta de sol o las coordenadas físicas de Dios. No existe nada más alejado de la realidad. De hecho, no hace falta tener destrezas geniales para ser un buen inversor. Lo único que necesitamos es: intuición, sentido común y mucha disciplina. En este sentido, antes de empezar debes sacarte de la cabeza esa idea de que los inversionistas de la bolsa son virtuosos que nacieron en una nube diferente.

El objetivo vital de la inversión en la bolsa de valores es garantizar que cada persona pueda cumplir sus propósitos financieros. No hay que olvidar que vivimos en un mundo cambiante, donde cada cierto tiempo la inflación hace de las suyas, subyugando a un número importante de la sociedad. Siguiendo este orden de ideas: ¿quién puede ser capaz de generar nuevos ingresos e incluso de ahorrar cuando la inflación se encuentra descontrolada? Esta es la pregunta que muchos se han planteado a lo largo de las últimas décadas. Dicho esto, el mercado de valores es una de las vías más antiguas para la inversión de capital y está al alcance de cualquiera que esté determinado a ingresar al juego.

Existen muchas ventajas inherentes a la inversión en la bolsa de valores. Beneficios que van mucho más allá de la generación de dinero en automático. A continuación, las 3 más importantes:

• Mayor retorno en menor tiempo: si lo comparamos con otros instrumentos de inversión (como bonos o depósitos fijos), la inversión en la bolsa de valores es una de las opciones que te garantiza un mayor retorno de tu inversión en un tiempo significativamente menor. Está claro que para llegar a este punto hace falta cumplir con los principios básicos de la inversión: investigar el movimiento de los mercados, planificar el comercio, la paciencia, entre otros. La buena noticia es que existen muchas personas que han dedicado sus vidas a perfeccionar estas habilidades para ofrecerlas como asesoría constante. Recuerda que cuando se trata de dinero, todas las herramientas son válidas para garantizar el éxito.

• Liquidez: una de las características que hacen tan atractiva esta opción, es su facilidad de "transferencia". No olvides que la bolsa de valores funciona básicamente como una gran casa de subasta. Todos los días los accionistas venden y compran sus acciones, esa es la dinámica de rutina. Lo que significa que las acciones pasan a ser una inversión líquida. Es fácil retirar el efectivo porque básicamente solo tienes que entrar al mercado y ofrecer tus acciones, en segundos surgirá un comprador y la transacción es finalizada. Está claro que algunos activos son difíciles de vender, pero en líneas generales la liquidez es de las ventajas más importantes de la bolsa de valores.

• Mayor conocimiento e información: El mundo entero sigue de cerca el mercado de valores. Ciudadanos de todo el mundo pasan gran cantidad de tiempo evaluando los movimientos que se dan en la bolsa. Por ejemplo, si una empresa en Reino Unido quiere vender sus acciones, publica sus estados financieros y acto seguido es puesta en venta. Sobra decir que existen entes regulatorios que se encargan de revisar todas las declaraciones publicadas por los inversionistas. La propia dinámica del mercado de valores hace que se ralentice el proceso de compra o venta de una inversión que no tenga tanta información pública. Es importante destacar que todo esto funciona bajo la atenta mirada de las autoridades pertinentes.

Compra de acciones corporativas

En principio, la compra de acciones corporativas puede ser uno de los métodos de inversión más arriesgados de los expuestos en esta lista, sin embargo esto es muy relativo. No olvides en ningún momento que tu objetivo es mejorar tus condiciones de vida, atraer prosperidad y abundancia a tu vida. Siguiendo este orden de ideas, todas las opciones que te posicionen en un mejor lugar en relación a tu ubicación pasada deben ser tomadas en cuenta. Ahora bien, hace falta tener mucho criterio y capacidad metódica para comprar acciones corporativas. Todo lo que tenga que ver con tu dinero debe ser evaluado minuciosamente; nadie quiere perder dinero por una decisión emocional, ¿o sí?

En el mundo tan globalizado en que vivimos, muchas empresas ponen a disposición del inversionista común la alternativa de comprar un porcentaje de sus acciones corporativas. Por políticas o diversos protocolos, este porcentaje inicial suele ser muy pequeño cuando hablamos de empresas grandes. Por otra parte, existen empresas pequeñas que buscan nuevos financiamientos o que directamente se encuentren en una mala situación financiera actual. En el caso de estas empresas, las posibilidades de comprar un porcentaje mayor son significativas. ¿Por qué la compra de acciones corporativas es una buena opción para invertir tu dinero? Por varias razones: a) diversificas tu dinero. Esto implica un menor riesgo de impacto negativo en caso de "malas jornadas". b) porque te das la oportunidad de generar dinero en automático, sin tomar acción ni protagonismo.

Otro de los aspectos a considerar es el control de tus

emociones. Esto quiere decir que te abstengas de comprar acciones corporativas en una empresa a la que le tengas especial cariño (sea cual fuere la razón) si tu previo análisis no la ve como una alternativa rentable. Por ejemplo, muchas personas cometen el error de comprar las acciones corporativas del pequeño jardín de infancia donde pasaron los primeros años de su vida o del colegio de educación primaria al que asistieron. Este tipo de decisiones, concebidas desde la emocionalidad, supone un riesgo innecesario y evitable. Cuando se habla de dinero, lo ideal es tener ideas pragmáticas y concisas que apunten siempre a generar más dinero. De allí la importancia de la inteligencia emocional.

Todas las técnicas de inversión, así mismo, requieren que pongas en práctica tu sentido común, tus habilidades analíticas y tu intuición. No olvides que, independientemente de la situación, puedes contar con la asesoría de un especialista que te oriente en términos de ubicación del dinero e inversión adecuada. La rentabilidad es el fin primario de quien quiere invertir. Dicho de otra manera: perder no debe ser considerada una opción viable.

Reconozco que esta no es mi principal fuente de ingresos, sin embargo, he logrado hacer buenas inversiones en activos financieros, y puedo recomendarte a un gran especialista, al que tuve la oportunidad de conocer y quien me ha ayudado a reconocer las oportunidades en este tipo de inversiones y con quien me he educado al respecto, si nombre es Oliver Vélez, de ifoundtradres.com

Capítulo 8
El negocio de Bienes y Raíces

El negocio de bienes y raíces es uno de los más importantes del mundo en términos de generación de capital, multiplicación del dinero. La relevancia de este negocio es tal que incluso se han constituido universidades especializadas en formar a sus estudiantes en todo lo concerniente a este tipo de inversión. El mundo tal como lo conocemos ha sufrido muchos cambios; es innegable que las nuevas tecnologías llegaron para cambiar la forma en que entendemos las relaciones interpersonales, la forma de publicitar una idea, de llegar a más personas, de posicionar determinada marca. Cada día surgen nuevas opciones tecnológicas para facilitarnos la vida en distintos ámbitos. No obstante, pese al aluvión de aplicaciones y alternativas digitales que nos ofrece la tecnología, el negocio de bienes y raíces mantiene su lugar como otrora. ¿A qué crees que se deba esto?

Por increíble que sea el auge de la tecnología en prácticamente todos los enfoques comerciales existentes, nada tiene que hacer contra el negocio de bienes y raíces básicamente porque este trata de un activo fijo, tangible, cuyas características y valores se encuentran en un sendero diametralmente opuesto a la del internet. Los bienes inmuebles son la propiedad, la tierra, los edificios, los derechos de explotación del espacio aéreo e incluso los derechos subterráneos. En este sentido, existen 4 tipos de inmuebles:

1. Bienes inmuebles residenciales: Se trata del tipo de bienes más comunes en términos transaccionales. Estos incluyen viviendas en construcción o en venta. Dentro del tipo de viviendas pueden encontrarse viviendas unifamiliares, dúplex, condominios, casas de veraneo o casas mulifamiliares.

2. Bienes inmuebles comerciales: Aquí se incluyen inmuebles como centros comerciales, edificios empresariales, centros médicos o educativos, hoteles y oficinas.

3. Bienes inmuebles industriales: Se refiere a todas esas edificaciones que son utilizadas para procesos de producción, investigación, almacenamiento o distribución de bienes.

4. Tierra: Granjas de trabajo, tierras, ranchos e incluso terrenos baldíos sobre los que no pose reclamo alguno.

En líneas generales, el negocio se refiere a la producción, compra y venta de los inmuebles mencionados anteriormente. Sin embargo, existen muchos factores a tener en consideración al momento de iniciar un proceso transaccional de bienes y raíces. De allí la importancia de una buena asesoría con personas especializadas para que tu inversión no vaya al traste del basurero. Pero, como primera etapa en tu proceso de aprendizaje, he redactado este capítulo con algunas consideraciones en torno al negocio de bienes y raíces.

La idea general del libro, como se ha dicho, es brindarte todas las herramientas, conocimientos y recomendaciones posibles para que generes dinero desde el dinero, para que atraigas la abundancia y la prosperidad a tu vida. Así, tus condiciones actuales se verán significativamente mejoras y habrás transformado tu realidad. Lo que me impulsa va mucho más allá de darte estrategias; confío en ti, en tus posibilidades de llegar a la cima. En este sentido, te presento las 3 mejores opciones para la inversión desde el complejo y rentable negocio de los bienes y raíces.

Alquilar propiedades

Una de las opciones más atractivas para generar ganancias luego de adquirir determinada propiedad es ponerle en alquilar. Independientemente de su naturaleza (puede ser una pequeña casa a la orilla de la playa, un apartamento o un rascacielos de oficina), el alquiler de propiedades siempre será una buena alternativa para generar dinero de forma automática, constante y sin ningún tipo de riesgo. Recientemente, en un estudio publicado dentro del contexto español, se estableció que el margen de ganancia de un propietario que ha decidido poner sus propiedades en alquiler es del 5.9%.

Existen muchas otras ventajas relacionadas al proceso de alquiler de una propiedad desde el punto de vista del propietario. En primer lugar, este obtendrá dinero constantemente sin poner en riesgo alguno su propiedad. El propietario sigue siendo dueño absoluto del inmueble por el tiempo que dure o se prolongue el contrato de arrendamiento. Por otro lado, la gestión del alquiler de una propiedad es bastante sencilla, no requiere mayor participación de elementos externos como abogados o peritos. Otra de las grandes ventajas es que la propiedad no se mantendrá vacía. Para nadie es un secreto que las propiedades ocupadas no se deterioran con el paso del tiempo. Esto, a su vez, sugiere que su precio y valor en el mercado no se verá de ningún afectado.

Como habrás notado, existen muchas ventajas de alquilar propiedades. Sí, es cierto que nada como una venta para saborear de primera mano el efecto de la victoria. La idea es generar dinero y abundancia, por lo que el mejor de los escenarios es concretar la venta del inmueble. Pero, mientras esto no se dé, es importante garantizar las condiciones de la propiedad; en este sentido, un contrato de alquiler es idóneo porque te ayudará a cubrir los gastos de la vivienda, mantenerla ocupada y se mantiene la propiedad. Los puntos medulares del mantenimiento de la propiedad son:

1. Mantener la habitabilidad del lugar.
2. Mantener la propiedad del inmueble.

De manera que, cualquier método que garantice estos dos factores debe ser considerado. Sobra decir que la finalidad es vender para obtener una tajada mayor, pero no siempre podrás comprar y vender con la facilidad soñada. En condiciones normales, mantener la propiedad en buen estado; en condiciones inmejorables, vender para reinvertir en nuevas propiedades.

Compra y venta de inmuebles.

Es bien sabido que el objetivo de quien ingresa al negocio de bienes y raíces es crear abundancia. Generar dinero de forma diversificada y teniendo en cuenta un elemento tan trascendental como lo es la propiedad de un inmueble. Ahora bien, ¿por qué crees que la relevancia de este negocio ha ido más allá, hasta el punto de fomentar la creación de una universidad dedicada única y exclusivamente a la formación de profesionales con este enfoque? Existen muchas posibles respuestas a esta pregunta. En lo personal, tengo la certeza de que el enfoque comercial de un asesor inmobiliario va mucho más allá de hacer algunas ecuaciones algebraicas para determinar el siguiente paso. Tiene que ver con intuición, determinación y ganas de salir victorioso. Esta es, en definitiva, la diferencia principal entre un ganador y una persona que no ha conseguido diferenciarse del resto.

La compra y venta de inmuebles es el mejor escenario posible para los especialistas e inversionistas del mundo inmobiliario. De esta manera, se garantiza una ganancia significativa frente a la cifra pagada al momento de adquirir la propiedad en primera instancia. Está claro que los mercados constantemente se ven zarandeados por diversos factores (políticos, económicos, sociales, entre otros) por lo que, antes de vender una propiedad, es necesario que el propietario haga una investigación minuciosa acerca de todos los elementos que pudieran depreciar el valor del inmueble. Para muchos, contar con un agente inmobiliario es imprescindible. Estos profesionales, familiarizados con la dinámica del negocio, pueden ayudarte a establecer el precio correcto, a identificar posibles compradores, a completar todos los asuntos contractuales e incluso para promocionar la propiedad.

Pero, si consideras que eres capaz de llevar a cabo todos estos menesteres, solo necesitarás mucha atención y formación diaria. El mundo de bienes y raíces es complejo pero tan grandioso como cualquier otro. Solo hará falta que pongas a disposición todos tus recursos y hábitos adecuados. En todo caso, si quieres adentrarte en este mundo, has de tener en cuenta que tu dinero sigue siendo el protagonista. En la medida en que vayas entendiendo las distintas dinámicas del juego, terminarás convirtiéndote en uno de los maestros inmobiliarios. Solo debes confiar en ti y trabajar, con mucho método, para nadar cada vez más fluidamente entre todos los aspectos que componen el juego.

Airbnb

Uno de los métodos que más ha revolucionado el mercado del turismo y las propiedades en los últimos diez años es, en definitiva, el Airbnb. Su grandioso crecimiento en la última década es un indicador bastante incuestionable de cuán exitosa ha resultado esta unidad de negocios. Pero, ¿tienes idea de qué se trata el Airbnb? Algunos portales le han definido como un pequeño mercado comunitario. En efecto, lo es. Se trata de un espacio que permite dar publicidad y reservar alojamiento en más de un centenar de países a lo largo y ancho del planeta tierra. ¿Cuál es la diferencia entre Airbnb y otras páginas desde donde podemos reservar en infinidad de hoteles? Esa es precisamente la diferencia: en Airbnb no necesariamente te reservar en un lujoso hotel de los más publicitados en internet. Fácilmente podrías quedarte en el hogar de una persona cualquiera, que incluso puede estar viviendo allí. Asombroso, ¿no?

Lo que hace de este servicio una idea tan transgresora es que no solo te permite pagar el alojamiento de una casa o un apartamento; incluso podrás adquirir una casa de árbol, un molino, una casita de jardín o un iglú. Parece descabellado, en cierto sentido, pero esta idea ha revolucionado por completo la forma en que muchas personas hoy imaginan la posibilidad de viajar. Una vez más nos enfrentamos a un mundo que ha cambiado tan drásticamente que lo que antes era considerado tradicional hoy puede ser visto como algo caduco o sin gracia. En todo caso, el Airbnb es una de las mejores opciones para invertir si quieres ganar dinero rápido a través de sus distintos consumidores.

Desde el punto de vista del propietario, incluirte dentro de las opciones ofrecidas por este portal digital te dará muchos beneficios económicos. Imagina por un instante que tu propiedad no solo se encuentra en las páginas de la revista de tu comodidad sino en un portal digital que ha albergado millones de nuevos usuarios en la última década. Si tu intención es hacer algo de dinero sin perder la propiedad del inmueble, querrás alquilar, ¿correcto? Bien. En este caso, contratarás a algún asesor comercial o inmobiliario que te ayude a publicitar el inmueble que pretendes arrendar. Ahora, ¿imaginas el impacto que generarás al incluirlo dentro de las posibilidades de alojamiento de Airbnb? Necesitarás más de un teléfono para atender la demanda.

Está claro que como área de inversión, esta plataforma representa una posibilidad palpable. Ahora, si antes de poner un centavo de tu dinero en ellos quieres probar la experiencia, ten en cuenta algunas de las siguientes consideraciones:

- Seguridad.

No todo es color de rosa. Como sucede con todos los negocios, se han presentado algunas irregularidades en el uso de esta plataforma. Si bien es cierto que la totalidad de las denuncias por estafas provienen del cliente y van dirigidas al anfitrión (nunca a Airbnb, que es muy práctica en cuanto a su funcionamiento), es importante tomar todas las previsiones que consideres pertinentes antes de cerrar cualquier trato. Ten en cuenta que el método de pago es través de Paypal o tarjeta de crédito. Otra de mis recomendaciones es que te asegures de estar en la página correcta. Muchos estafadores han utilizado páginas espejo para captar la información crediticia de los interesados.

• Analiza bien las recomendaciones y críticas de otros usuarios.

Airbnb te permite conocer las recomendaciones, opiniones y críticas realizadas por otros usuarios. Antes de tomar cualquier decisión, asegúrate que exista un consenso entre la población digital en relación a ese inmueble que quisieras conocer o por el que estás a punto de pagar. Revisar minuciosamente estos comentarios puede ahorrarnos un problema mayor en el futuro. En lo que a mí concierne, creo que todas las precauciones son necesarias y válidas cuando se trata de dinero, felicidad y salud. Mi recomendación es que desconfíes de un anfitrión que carece de críticas u opiniones en su buró. Un usuario con una biografía consolidada, que además haya probado ser un anfitrión de acuerdo al criterio de los demás, es un usuario que vale la pena.

• Gestiona todo desde la plataforma.

Uno de los errores más comunes al momento de utilizar Airbnb es contactar directamente al anfitrión. Este es un error importante porque permite un canal de comunicación a través del que muchas veces podemos ser manipulados, extorsionados o amenazados. No quiero decir que esto pase con frecuencia, pero sí es fundamental que tomemos todas las previsiones posibles. El portal es muy claro en cuanto a las reglas de uso: si por ejemplo deseas visitar un barrio de Buenos Aires, y ya has seleccionado el alojamiento, entonces procede a pagarle directamente a Airbnb. Ellos retendrán el dinero y lo depositarán en la cuenta del anfitrión una vez que tengan la certeza de que fuiste atendido en el destino y la fecha acordados.

Capítulo 9
Formas de generar ingresos automáticos

Si en este punto, te preguntas en qué tipo de negocio estoy, notarás que, al dedicar un capítulo entero a los ingresos automáticos, es porque es donde definitivamente me he detenido para lograr mi éxito a nivel financiero.

De hecho, en este último capítulo no solo encontrarás distintos conceptos asociados a la producción de utilidad, a la generación de ingresos, sino que te ofreceré algunas opciones realmente importantes en términos de atracción de prosperidad y abundancia. Para nadie es un secreto que el dinero debe ser constantemente movilizado si lo que buscamos es multiplicarlo. Conforme diversificamos nuestros recursos económicos, mayores son las probabilidades de atraer más dinero y menor es el riesgo. Tal como ha sido mencionado en segmentos anteriores, donde se abordaron distintos métodos de inversión, es una realidad inobjetable que para ganar dinero hay que invertir. Ahora bien, cuando se habla de inversión es común asociar esta palabra con dejar que el dinero fluctúe por sí solo en una pantalla llena de verdes y rojos de una casa de valores. Pero, ¿qué pensarías si te digo que existen otras formas, mucho más activas, de involucrarte de lleno con la generación de ingresos?

A lo largo de este libro se ha hablado mucho acerca de la mentalidad y la actitud como ejes neurálgicos de todo proceso de crecimiento. La plenitud económica no escapa de esta realidad. Sí, es cierto que podemos generar ingresos desde la comodidad de nuestro hogar, simplemente haciendo las inversiones adecuadas desde nuestras condiciones materiales específicas. No obstante, para muchas personas esto es, quizá, un enfoque demasiado pasivo. Hay quien prefiere tomar acciones determinadas para llegar a la meta. Si este es tu caso, tengo buenas nuevas para ti.

En este último capítulo, Formas de generar ingresos automáticos, el enfoque es diametralmente opuesto. Crear prosperidad desde la acción. Es decir, aprovechando todas esas habilidades y destrezas que hemos descubierto en nosotros. Todo esto desde un contexto profundamente explotable: las nuevas tecnologías. Cada nuevo día, la tecnología nos ofrece un sinfín de nuevas opciones para generar dinero en automático. Decenas de plataformas digitales surgen cada día con este fin: permitir que las personas capitalicen sus talentos. ¿Se te da bien la creación de contenido? ¿Siempre te has considerado un especialista en mercadeo? ¿Tienes vena de comerciante? Independientemente de tus talentos, las nuevas tecnologías son el escenario idóneo para monetizarlos. En este sentido, te presentaré algunas de las opciones más viables y eficaces para tu consideración.

Transformar tu realidad es una posibilidad más que palpable si tienes la mentalidad adecuada. En un mundo donde imperan las herramientas digitales, es un despropósito no sacar provecho de esta circunstancia para generar abundancia a través de nuestros talentos y pasiones.

Blogs

Los medios de comunicación impresos han sufrido un notorio revés con el indetenible auge de las nuevas tecnologías. Internet no solo ha supuesto un dramático cambio del paradigma en cuanto a la transmisión de información, sino que ha puesto en jaque a distintas empresas que basaron su éxito en un esquema rígido y tradicional. Hoy día, la industria de los periódicos ha sufrido pérdidas considerables en detrimento de la llegada de nuevas formas de distribución de noticias e información en general. En este sentido, la creación de contenido ha surgido como una forma muy efectiva de capitalizar el talento de quienes, en condiciones distintas, no tendrían acceso a un medio de comunicación de vieja escuela.

En la actualidad, existen muchas opciones gratuitas para que las personas creen sus blogs y puedan, así, publicar todo el contenido que consideren pertinente sobre temas de interés general. De esta manera, no solo las personas pueden ejercitar sus talentos con la escritura y la creación de contenido, sino que pueden monetizar toda la información que muy responsablemente confían al mundo del internet. Basta echar un rápido vistazo por cualquier barra de búsqueda de Twitter, Instagram, Facebook o cualquier otra red social para notar que existe un gran auge (que no parece detenerse) de nuevos creadores de contenido que han puesto sus talentos al alcance de una comunidad gigantesca, como la existente en la Red.

Si tú, por ejemplo, tienes la habilidad de escribir y transmitir ideas con facilidad a través de la escritura; podrás transmitir un sinfín de contenidos de interés general en distintas plataformas y formatos. He conocido muchas personas que dedican sus vidas a la creación de guiones que luego venden a figuras de gran renombre en el ámbito de las redes sociales. Este es solo un ejemplo de tantos. La idea es que tomes todas las alternativas posibles. Afuera (en la red) hay un mundo de consumidores que están a la espera de un creador de contenido que les ofrezca toda la data que ellos necesitan. De allí la importancia de identificar y desarrollar concienzudamente nuestras habilidades o pasiones. ¿Imaginas la posibilidad de monetizar tu pasión? Es posible. Solo tienes que dirigir tus acciones en ese sentido.

Cursos digitales

¿Recuerdas lo referido en el capítulo 6? Una de las historias allí mencionadas fue la de Andrés Moreno, el joven venezolano fundador de la plataforma Open English. La creación y comercialización de cursos digitales ha sido una de las alternativas más rentables en los últimos años. Una vez más, esta es una posibilidad que adquiere especial importancia cuando se tiene en consideración el gran crecimiento de las plataformas digitales. Lo que hace veinte años era un sueño hoy día, más que una realidad, forma parte de la cotidianidad.

En la actualidad, cientos de personas sacan provecho a su talento en distintas áreas para ofrecer cursos digitales a una comunidad cada vez más grande de solicitantes. Con esto no solo hago referencia a quienes aspiran dominar un idioma extranjero; una búsqueda sencilla en Google es suficiente para encontrar cientos de cursos digitales sobre temas tan diversos como: cocina, programación, soporte técnico, redacción de contenido, idiomas, edición audiovisual e incluso manualidades. Cada especialidad tiene su nicho en la red, donde millones de personas acuden a diario para desarrollarse en términos de crecimiento personal.

En muchos casos, estos cursos digitales pueden tocar temas más complejos como la inversión en criptomonedas, el uso correcto de determinados fármacos o la programación neurolingüística. De hecho, estos métodos didácticos (basados en la tecnología) son cada vez más comunes en ámbitos organizacionales y académicos, donde la cultura del E-learning se ha visto consolidada en los últimos años.

Siguiendo el sendero de Andrés Moreno, cada vez son más las personas que dedican sus talentos en ofrecer y comercializar estos cursos digitales. Sin duda, una alternativa muy eficiente para generar dinero en automático desde nuestras capacidades individuales. Basta entender que la realidad ha cambiado con la llegada de las redes sociales. Lo que hace veinte años sucedía en un salón de clases, hoy transcurre en alguna interacción digital desde plataformas como Instagram, Periscope, Skype, entre otras. En otras palabras, la adaptabilidad del ser humano está a prueba en todo momento. Recuerda esa maravillosa frase del científico Charles Darwin: "No es la más fuerte de las especies la que sobrevive, tampoco es la más inteligente la que sobrevive. Es aquella que se adapta mejor al cambio." En este sentido, vender tu talento va más allá de tenerlo; tienes que enfrentarte al mundo de las nuevas tecnologías y mostrar tus habilidades a la vasta masa de posibles consumidores que pulula en Internet.

Infoproductos

Otra maravillosa opción para generar ingresos en automático, apoyándote en las nuevas tecnologías, son los infoproductos. Si tenemos en cuenta que internet se ha convertido en el sector o demanda más importante de la actualidad, tiene sentido que orientemos nuestros esfuerzos hacia ese nicho. Ahora, ¿tienes idea de qué va esto de infoproductos? Es muy sencillo: se trata de todos aquellos productos o servicios que solo pueden ser ofrecidos y comercializados a través de las distintas plataformas digitales o redes sociales. Los infoproductos han supuesto una verdadera revolución en muchos sentidos. El mundo del desarrollo E-learning, por ejemplo, con su monstruoso crecimiento, es uno de los ejemplos más representativos de cómo la era digital es el nuevo escenario sobre el que gravitan todos los nuevos comercios del mundo.

En vista de que un infoproducto no es más que un producto de información digital, este tipo de negocios se ha erigido de entre otras opciones por su potencial e incuestionable rentabilidad. El hecho de que surjan tantas opciones en el mercado es un indicador claro de cuán importante se ha tornado este tipo de negocios en el día a día de las personas. Entre los ejemplos más comunes de un infoproducto, destacan los siguientes:

- Aplicaciones móviles y desarrollo de páginas web.
- eBooks.
- Audiolibros.
- Cursos en línea.
- Diseño gráfico.
- Guías o tutoriales.
- Consultorías vía Skype.

- Seminarios (también conocidos como webinars)

El auge de este tipo de productos ha representado cuantiosas ganancias para aquellas personas que han desarrollado habilidades específicas. Por ejemplo, los programadores han encontrado en este tipo de servicios un mundo ideal en muchos sentidos: en primer lugar, salen del esquema tradicional de trabajo, donde se cumple un horario establecido en una locación específica. En segundo lugar, el hecho de ser responsables de sus propios proyectos supone un desafío que, a su vez, redunda en crecimiento profesional. Los diseñadores gráficos son otro ejemplo palpable de cómo muchas unidades de negocios han migrado sistemáticamente a las plataformas digitales. De hecho, se cree que el teletrabajo es el esquema laboral del futuro por su cantidad de beneficios.

Dicho esto, toda habilidad que consideres importante y "trasladable" al mundo del internet, tiene una demanda importante. Independientemente si te gusta crear contenido, seminarios, aplicaciones móviles o pluggins, los infoproductos son sin lugar a dudas una opción muy rentable para que consigas generar dinero en automático.

Marketing de afiliados

Desde que internet llegó a nuestras vidas, prácticamente todos los negocios y visiones empresariales tuvieron que mostrar su adaptabilidad. Aunque esto sucedió progresivamente, es imposible negar que la velocidad con que se dieron estos cambios no facilitó mucho la transición. De una década a otra, cambió el enfoque del comercio. Hoy solo necesitas hacer una simple búsqueda en tu explorador favorito para que sus algoritmos te arrojen cientos o miles de opciones para que puedas finiquitar la compra del producto o servicio. Las largas caminatas por tiendas especializadas han quedado atrás.

El marketing no ha escapado de esta realidad cambiante. De hecho, puede decirse que la proliferación de nuevas tecnologías ha funcionado como caldo de cultivo para quienes, por formación empírica o académica, han perfeccionado diversas habilidades o destrezas asociadas al mercadeo y la publicidad. En este sentido, el marketing de afiliados se presenta como una gran oportunidad, porque te permite generar ingresos a partir de ventas de productos que no tienes en stock o servicios que no prestas directamente. Lo que necesitas es apalancarte en una plataforma que brinde herramientas y programas de ventas por afiliación.

Lo mejor es que puedes apoyarte en el marketing digital y de contenido para hacer que tu oferta pueda llegar a clientes potenciales en todas partes del mundo. Tomas el producto o servicio de la página web o empresa que lo pone a disposición para ventas por afiliación, obtienes tu código o link de ventas, creas tu recomendación en una página web o blog, invitando a terceros a conocer el producto o servicio y comprarlos. Ellos harán click en el enlace, o tomarán tu código para un descuento, irán a la página de ventas y comprarán y tú estarás ganando una comisión por la venta.

De manera que si te consideras alguien creativo, con vocación por el mercadeo, este es un método que te funcionará para generar una buena cantidad de dinero de forma automática y a través de la práctica de tus habilidades técnicas, sin invertir en productos ni servicios. Lo mejor es que si configuras un sitio web con las recomendaciones y lo posicionas, estarás generando ingresos constantemente.

Dropshipping

Cuando hablamos de generar dinero, la comercialización de productos y servicios siempre será una gran opción. La naturaleza consumista de las personas hace de esta alternativa una de las mejores en términos de crecimiento y prosperidad económica. Con el tiempo, la forma en que comercializamos un bien ha cambiado radicalmente. Mucho tiene que ver, como es lógico, la inclusión de nuevas tecnologías que faciliten este tipo de intercambio comercial. Nuestros padres y abuelos tenían que movilizarse físicamente a tiendas y establecimientos, donde buscaban lo necesitado y procedían a comprarlo. En la actualidad, estos métodos han cambiado bastante. En este sentido, conviene hablar del Dropshipping. ¿De qué se trata esta nueva metodología de comercialización?

Básicamente es un método de cumplimiento minorista en el que el proveedor no necesita tener a su disposición el producto o servicio para venderlo. En otras palabras: no existe un stock como tal. Funciona de la siguiente manera: un consumidor se interesa en determinado producto, lo compra a una tienda dropshipping mientras esta, a su vez, compra lo solicitado a una tercera empresa para luego proceder con el envío. El vendedor no necesita poseer la mercancía para venderla. La clave de este tipo de negocios pasa por entender el mercado, eliminando inventarios activos y vendiendo por demanda.

Existen muchas ventajas para considerar esta alternativa como emprendimiento personal. En primer lugar, es mucho más fácil su manejo en vista de que no necesitas tener un inventario ni administrar un almacén. Conforme el emprendimiento crezca, necesitarás más conocimientos relacionados al marketing y a la comercialización, pero la esencia del negocio se mantiene. Otro de los grandes beneficios es que el dropshipping no exige demasiado capital para su funcionamiento. Solo hará falta que estudies el nicho al que va dirigida tu idea y ejecutes estrategias de mercadeo cónsonas con tu propósito de éxito.

Una de las mayores ventajas de este método de comercialización es su flexibilidad. Puedes ser tu propio jefe sin requerir un gran capital más allá de una computadora, herramientas tecnológicas básicas y una idea bastante clara de lo que quieres vender. El descubrimiento de esta idea de negocios ha supuesto una ruptura del paradigma tradicional, en el que las personas debían pasar horas en un almacén buscando productos o servicios. La facilidad es la clave en esta época donde impera la tecnología, donde la dinámica agresiva del día a día muchas veces nos impide disponer del tiempo suficiente para invertirlo en dar vueltas en un establecimiento comercial.

A diferencia de otras técnicas, el dropshipping es flexible en términos de "productos a ofrecer". No te verás obligado a encasillarte en un tipo de producto o servicio, encasillado en una temática específica, porque tú eres tu propio dueño y no estás invirtiendo en elementos como un local, que usualmente te obliga a especializarte en ciertas cosas. Puedes vender todo lo que se te ocurra, siempre y cuando encuentres la manera de atacar y encantar a tu nicho.

Conclusión

Una de las conclusiones más frecuentes en todos estos años de trayectoria es: todas las personas poseemos capacidades suficientes para transformar nuestras vidas, para atraer la prosperidad y la abundancia. Si este no fuera el caso, ¿de qué manera podríamos explicar algunos de los casos de éxito expuestos el sexto capítulo de este libro? Si algo ha quedado claro es que no se trata de individuos con dotes excepcionales más allá de sus habilidades, destrezas y de una adecuada interpretación de la realidad circundante. ¿Qué diferencia a alguien exitoso del resto? Su adaptabilidad. En este aspecto me refiero a la capacidad para superar circunstancias difíciles, para sortear obstáculos y para entender que su principal arma puede ser tanto aliado como enemigo.

Mentalidad y actitud; estos son los elementos que protagonizan cualquier historia de éxito. Mi experiencia en el campo del crecimiento personal me ha permitido entender que las situaciones adversas forjan a los mejores líderes. De allí la importancia de enfocar nuestras opciones a la capacidad que tengamos de alinear una mentalidad adecuada (cónsono sistema de creencias, determinación, fuerza de voluntad, motivación, afirmaciones potenciadoras) con esos comportamientos que componen el día a día de todos los individuos que existen sobre la faz de la tierra. En este sentido, una de las conclusiones lógicas extraídas de este libro pasa por asimilar el hecho de que podemos alcanzar la prosperidad en la medida en que nos desarrollemos actitudinal como mentalmente.

A esta fórmula del éxito cabe agregar algunos conocimientos que, aunque funcionan transversalmente, vienen a robustecer las opciones de victoria de quien consigue incluirlos en su vida diaria. El establecimiento de objetivos, por ejemplo, supone un enfoque transformador desde todo punto de vista. En este sentido, el método Smart (objetivos específicos, medibles, alcanzables, realistas y con un límite de tiempo) representa un paradigma transgresor y efectivo para cualquier individuo. Dicho de otra manera, se puede concluir que la creación del objetivo es una rama importante de la consecución de los mismos. Evitar las distorsiones en el establecimiento de estos, por ejemplo, facilitará la creación de un plan de acción idóneo y funcional.

La segunda parte del libro, Acciones prácticas para generar ingresos, nos ofrece un abanico de posibles opciones en el aprovisionamiento de ideas materialmente accesibles para crear abundancia y prosperidad. De esta parte se desprenden las siguientes conclusiones:

a) Las nuevas tecnologías representan un vasto mercado de oportunidades. Opciones como la creación y comercialización de cursos digitales implica un nicho significativo que crece cada día; el marketing, los infoproductos y la generación de contenido para plataformas blogs engrosan la lista de opciones que el mundo de la Internet nos ofrece. Claro está, mucho de su aprovechamiento dependerá de las habilidades y conocimientos de quien esté interesado en ingresar al mundo digital, hoy día imperante en todas las latitudes del planeta.

b) El constante movimiento de capitales es, así mismo, otra de las opciones siempre vigentes en el ámbito del emprendimiento y crecimiento profesional. Cabe destacar la importancia de establecer un adecuado plan de

144

formación antes de iniciar cualquier aventura que implique ahorro e inversión. No obstante, los resultados pueden ser superlativos en lo concerniente a la creación de abundancia.

c) El dinero genera dinero. Si bien es cierto que en muchos casos no hace falta invertir cuantiosas cantidades de dinero, es irrefutable el hecho de que conforme hagamos inversiones inteligentes (y basadas en nuestros talentos individuales), con la mentalidad y la actitud correctas, obtendremos grandes resultados. En otras palabras, el dinero debe funcionar como un río, su constante movimiento traerá nuevas corrientes.

En lo que a mí concierne, desde hace un tiempo me ha trazado como objetivo de vida ayudar a que otros alcancen la prosperidad y la abundancia. En un mundo globalizado, donde el dinero es razón de ser para muchos y sufrimiento para otros, hay que tener todas las alternativas posibles para retomar el control de nuestras vidas. En el libro El Secreto Del Éxito En El Trabajo Y En La Vida, de Donald Trump y Zanker Bill, se da la siguiente pregunta: ¿Cuál es tu sueño financiero?

El actual presidente de los Estados Unidos de Norteamérica respondió lo siguiente:

Tus logros dependen de tus sueños. Si no puedes soñar siquiera con hacer cosas grandes, nunca harás nada grande en tu vida. Pasé mis primeras cinco semanas en Manhattan soñando qué podía hacer con un terreno enorme que había en el West Side, propiedad de la Compañía Central de Transportes de Pennsylvania y Nueva York , la cual estaba en bancarrota. Después de 18 meses de trabajo duro y mucha concentración, me decidí por la propiedad, que valía $62 millones, sin pagar cuota inicial. Pensaba construir el Centro Javits en ese terreno: ese es el poder de los sueños grandes. ¿Qué sueños grandes te emocionan y te hacen sentir bien? No te preocupes por poder hacerlo o no: eso no importa. Soñar no cuesta nada. Emplea tu tiempo disfrutando de tus sueños grandes.

La presentación de la información se realiza sin contrato o ningún tipo de garantía.

Todas las marcas registradas y marcas comerciales contenidas en este libro son sólo para fines de aclaración y son propiedad de los mismos propietarios, no están afiliadas a este documento.

www.ingramcontent.com/pod-product-compliance
Lightning Source LLC
Chambersburg PA
CBHW070525160726
48003CB00004B/1697